Auch die Liebe hat ihre festen Regeln. Die wichtigste: Sie funktioniert nur mit mindestens zwei Personen. Aber mehr sollten es auch nicht sein. Das klingt einfach, ist in der Praxis jedoch recht kompliziert. Denn die beiden Protagonisten müssen sich ja nicht in irgendeinen oder irgendeine verlieben, sondern ineinander. Und das gelingt selten auf Anhieb. Für Schriftsteller sind diese schwierigen Verhältnisse die interessantesten.

Hermann Hesse, Isabel Allende, Rafik Schami, Robert Walser u.v.a. haben sich auf die Suche nach dem gemacht, was bei der Liebe alles schiefgehen kann. Aber trotzdem: Ein Happy-End zeichnet sich immer ganz zart am rosa Horizont ab.

Der vorliegende Band entstand in Zusammenarbeit mit dem Hörverlag, hr2 und der Deutschen Bahn. Eine Auswahl aus *Ist es Liebe?* erscheint zeitgleich auf CD beim Hörverlag.

insel taschenbuch 3265

Ist es Liebe?

Ist es Liebe?

Die schönsten Geschichten über die Liebe

Ausgewählt von Carolin Bunk und Hans Sarkowicz

Insel Verlag

Umschlagfoto:
Ferdinando Scianna/Magnum Photos/Agentur Focus

insel taschenbuch 3265
Erste Auflage 2007

Quellenverzeichnis am Schluß des Bandes
Vertrieb durch den Suhrkamp Taschenbuch Verlag
Umschlag nach Entwürfen von Willy Fleckhaus
Satz: Hümmer GmbH, Waldbüttelbrunn
Druck: Ebner & Spiegel, Ulm
Printed in Germany
ISBN 978-3-458-34965-5

1 2 3 4 5 6 – 12 11 10 09 08 07

Inhalt

Rebecca Casati, »I« 11
Hermann Hesse, Der Kavalier auf dem Eise 17
Judith Hermann, Zigaretten 22
Rafik Schami, Der erste Kuß nach drei Jahren 28
Hermann Hesse, Von den zwei Küssen 34
Haruki Murakami, Das Fenster 45
Doris Dörrie, »Ein Mann!« 55
Haruki Murakami, Wie ich eines schönen Morgens im April das 100%ige Mädchen sah 70
Frank Wedekind, Der Verführer 76
Hermann Hesse, Ein Erfinder 84
O. Henry, Liebesgeschichte eines vielbeschäftigten Börsenmaklers 91
Oscar Wilde, Der Modellmillionär 97
Angeles Mastretta, Valeria und ihre Liebhaber 105
Zsuzsa Bánk, Herz 109
Isabel Allende, Ester Lucero 121
Anton Tschechow, Von der Liebe 132
Kurt Tucholsky, Ein Ehepaar erzählt einen Witz . . . 146
Theodor Fontane, Richtig streiten 151
Marian Keyes, Bis daß die Schulden euch scheiden . . 155
Robert Walser, Das Ehepaar 162
Max Frisch, Ein Mädchen und ein junger Mann 166
Theodor Fontane, Eine Frau in meinen Jahren 169

Nachbemerkung 179
Quellenverzeichnis 183

Ist es Liebe?

Rebecca Casati
»I«

Vielleicht ahnt er es bereits, vielleicht wartet er ja auch schon lange drauf? Ich kann es bei ihm gar nicht einschätzen. Ein halbes Jahr sind wir jetzt zusammen, und er hat aber auch nicht ein einziges Mal irgendeinen Druck auf mich ausgeübt, und deshalb ist es eben so perfekt mit ihm. Wie ernst er mir gegenübersitzt! Perfekt eigentlich und der Situation perfekt angemessen. Nur seine Hände spielen mit einem zerknüllten, leeren Streichholzbriefchen herum und rollen und entrollen es wieder. Es fühlt sich so besonders an, dieser Abend. Die Gäste am Nebentisch stehen auf, ein Typ streift mit seinem Mantel meine Wange, eine kleine Ahnung von Chanels »Egoiste«, dann riecht es wieder nur verraucht. Er tippt mit dem Fuß auf den Betonfußboden, dreimal. Dann kippelt er mit dem Stuhl. Und andere Gäste setzen sich neben uns.

Diese Bar hier, die ist bestimmt nicht der richtige Ort, sie ist so alltäglich, hier habe ich schon so oft gesessen, es ist etwas schmuddelig, jetzt nicht besonders romantisch, eher wahnsinnig beiläufig. Ich kenne jeden hier, und ich glaube, viele kennen mich, jedenfalls vom Sehen. Und eben deshalb ist es so sicher und so genau der richtige Ort hier, weil: Ich habe wirklich überhaupt keine Angst! Mir ist nichts peinlich! Alles ist normal, hier ist es normal, ich bin normal, und ich kann es ihm sagen! Ich kann so eine beiläufige Bar nur jedem empfehlen, der im Begriff ist, ein überlebensgroßes Geständnis zu machen.

Und weil ich mir so dermaßen sicher bin, daß ich es hinkriegen werde, daß es dieses Mal keine große Sache ist, daß ich nicht seltsam bin deswegen, da kann ich den Augenblick, in dem ich es mache, eben auch noch ein bißchen hinauszögern. Nein, es fühlt sich sogar gut an, wie ein Luxus, den Moment noch ein wenig hinauszuzögern, der mein Leben verändern wird, und seines vielleicht auch.

Ich habe noch nie jemandem gesagt, daß ich in ihn verliebt bin. Dabei war ich es schon unzählige Male. So oft und so früh schon, daß ich glaube, auf mich trifft das Wort »frühreif« zu.

Eigentlich weiß ich das sogar ganz genau. »Sie ist etwas frühreif«, das sagte zumindest eines Tages meine Klassenlehrerin mit bedenklichem Gesichtsausdruck zu meiner Mutter, die darauf wartete, mich mit nach Hause nehmen zu können. Ich hatte keuchend vor Anstrengung nach unserem Fangenspiel – wir nannten das damals »Kriegenspiel« oder »Jungs die Mädchen« – neben ihnen Schutz gesucht.

Die Lehrerin sagte es wohl sehr leise, aber laut genug, daß ich es hören konnte. Sehr eindringlich. Und weil meine Mutter daraufhin auch so bedenklich, um nicht zu sagen: peinlich berührt guckte, und weil ich mithin wußte, daß dieses Wort – frühreif – etwas schon sehr Ekelerregendes bedeuten mußte, weil ich aber auch bereits ahnte, daß sie recht hatten damit, schämte ich mich. Es war einfach *nicht fein*, frühreif zu sein.

Fein war es auf jeden Fall, Klavierunterricht zu nehmen (und auch zum Unterricht zu erscheinen). Die Kinderblusen von Pierre Cardin mit dem kleinen »p« an der Manschette zu tragen, nur mit Mädchen befreundet zu sein. Und auch die Farbe Dunkelblau: ja. Sich schon so früh für Jungs zu interessieren, geschweige denn, sich von ihnen jagen zu lassen, ständig in einen von ihnen verliebt zu sein oder ihnen gar davon zu sagen: nein. Nicht fein. Da stimmte dann etwas nicht. Ich verliebte mich bereits mit fünf Jahren das erste Mal. Seitdem bin ich immer in irgend jemanden verliebt gewesen. Andere Mädchen waren nicht so. Niemals habe ich einem Erwachsenen die Film-Frage gestellt: »Woran merkt man, daß man verliebt ist?« Ich war es einfach und wußte das auch immer gleich (und da ist es, aus heutiger Sicht, doch traurig, daß 99 Prozent von ihnen niemals etwas davon wußten). Ich ging aus diesem Grunde immer widerstandslos früh zu Bett und schlief erst sehr spät ein, weil ich mir alles genau vorstellte. Eine halbe Stunde ging schon mal dafür drauf, daß ich mir meine Kostümierung ausmalte. Niemals war sie dunkelblau oder von Pierre Cardin: Sie bestand aus prinzessinartigen Kleidern und Samtumhängen und ausladenden, geschnürten Dekolletés. Danach kam ein Szenario, in dem mich der Junge, in den ich gerade verliebt war und der in meiner Erinnerung nicht weiter aufwendig ausstaffiert war, davon überzeugen mußte, daß er der tollste und hartnäckigste war. Ich spielte lange, lange die Desinteressierte. Irgendwann gab ich nach. Danach konnte ich dann einschlafen.

Der allererste Junge, in den ich verliebt war, trug eine rote Badehose. Ich war nicht älter als fünf Jahre. Der Junge war sehr braun von der Sonne, seine Haare waren pechschwarz, er spielte Fußball mit anderen Jungen aus der Ferienbungalow-Siedlung, und immer, wenn der Ball gegen unsere Tür knallte, bildete ich mir ein, er hätte mit Absicht auf unsere Tür geschossen. Für mich, als wollte er mir ein Zeichen geben. Und da diese Vorstellung allein schon so wunderbar war, brauchte ich gar nicht erst rauszugehen. Fußball spielen konnte ich sowieso nicht, außerdem sprach er eine fremde Sprache. Irgendeine. Denn so gut, wie ich mich an seine rote Badehose und seinen braunen Oberkörper erinnere, so wenig weiß ich noch, in welchem Land wir damals Ferien gemacht haben. Mir gefällt der Gedanke, daß er so ähnlich hieß wie: Karel. Und daß es sich um Italien gehandelt haben könnte.

Im darauf folgenden Herbst wurde ich eingeschult, und da erfuhr ich es eben, daß ich frühreif war. Und da nahm ich mir etwas vor: Ich würde mich ändern. Ich würde weiterhin an die Jungen denken, denn ich fand sie und ihre Bewegungen und ihre Stimmen und Frisuren genauso interessant wie die meiner Freundinnen, und damit meine ich: mindestens genauso interessant. Aber ich würde es mir einfach nicht mehr anmerken lassen. Ich würde nicht mehr mitmachen, bei ihnen und ihren Spielen. Denn mit ihnen zu spielen, sich beim Spielen auf sie drauffallen zu lassen, ihren heißen Atem und ihre roten Wangen interessant zu finden: Das war es ja gerade!

Nein: Ich würde von nun an den Blick senken, wenn einer von ihnen vorbeikommen würde, für den ich mich besonders interessierte. Um mir ja nichts anmerken zu lassen.

Der nächste war mein Klassenkamerad. Er hieß James. Er war der erste, der Rollerskates besaß, sein Vater war Amerikaner, und das war ja nun wohl Grund genug, seinetwegen schlaflose Nächte zu haben. Eines Morgens, es war nach den großen Ferien und ich hatte meine Hose in meine neuen braunen Lederstiefel hineingesteckt (nicht fein, übrigens), fiel ich James offenbar das erste Mal auf; er machte mir ein Kompliment und jagte mich dann in »Jungs die Mädchen«-Tradition über den Schulhof. Ich stieß James, der mich an den Aufschlägen meines dunkelblauen Dufflecoats gepackt hatte, beide Hände in den Bauch, so daß es alle sehen konnten, und schrie laut »Iiiihhhh!« und sagte zu dem nächsten kleinen Mädchen, das vorbeilief: »Der ist sooo eeeklig!« Aber nicht so laut, daß James es hören konnte. Denn ich war ja in ihn verliebt und wollte ihm überhaupt nicht weh tun.

In den Nächten darauf muß ich noch weniger geschlafen haben als sonst.

Wie komme ich denn jetzt gerade auf alle diese Dinge aus der Kinder-Perspektive? Wahrscheinlich weil es immer noch ganz genauso ist. Deswegen.

Sollte man es sagen, wenn man verliebt ist? Ich war mir eigentlich immer sicher: ich nicht, bestimmt nicht. Denn wie gesagt: Ich bin ständig in jemanden verliebt, so oft, daß es den Betreffenden wohl nicht jedesmal sehr glaubhaft erscheinen würde. Die atemberaubende Geschwindigkeit, in der es passiert, und die kurze Dauer, die es anhält, sprechen, meine ich, auch dagegen.

Ich verliebe mich überall: in einem Zug in mein Gegenüber, nur weil es mich freundlich anlächelt. In einen jungen schlecht gelaunten Busfahrer, der mit polnischem Dialekt über die Autofahrer schimpft. Ich sage ALLES zu den Jungen, die mich interessieren: Du bist der Größte, der Gescheiteste; ich verehre dich; ich küsse den Boden, auf dem du gehst. Aber: Ich bin in dich verliebt, das habe ich noch zu keinem gesagt. Es ging einfach nicht. Das war nach wie vor nie … dunkelblau genug, wenn Sie wissen, was ich meine.

Aber dieses Mal, da ist es anders; er ist anders, oder ich bin anders mit ihm. Ich habe – das erste Mal in meinem Leben – keinen einzigen Gedanken daran verschwendet, ob er falsch oder verletzend oder überrascht reagieren könnte, ob er mich auslachen würde oder für verrückt erklären könnte oder für voreilig. Oder frühreif. Ich weiß nur, daß ich mir sicher bin, daß es bei ihm gut aufgehoben ist. Das, was ich sagen will, wird all das, was schlecht ist und ängstlich, außer Gefecht setzen. Ich mache mich angreifbar, und das ist groß und mutig! Das ist wichtig und richtig und gut und sehr erwachsen und überhaupt nicht eklig.

Ich werde einen Wodka Tonic bestellen. In fünf Minuten, nicht länger, wird er da sein, der Drink. Mein Freund, der Kellner, wird ihn vor mir abstellen. Ich werde genau einen Schluck nehmen. Mehr muß und soll nicht sein.

Wenn in Punkt fünf Minuten mein neues Leben anfängt, dann will ich doch nicht betrunken sein.

Hermann Hesse
Der Kavalier auf dem Eise

Es war ein langer, strenger Winter, und unser schöner Schwarzwaldfluß lag wochenlang hart gefroren. Ich kann das merkwürdige, gruselig-entzückte Gefühl nicht vergessen, mit dem ich am ersten bitterkalten Morgen den Fluß betrat, denn er war tief und das Eis war so klar, daß man wie durch eine dünne Glasscheibe unter sich das grüne Wasser, den Sandboden mit Steinen, die phantastisch verschlungenen Wasserpflanzen und zuweilen den dunklen Rücken eines Fisches sah.

Halbe Tage trieb ich mich mit meinen Kameraden auf dem Eise herum, mit heißen Wangen und blauen Händen, das Herz von der starken, rhythmischen Bewegung des Schlittschuhlaufs energisch geschwellt, voll von der wunderbaren gedankenlosen Genußkraft der Knabenzeit. Wir übten Wettlauf, Weitsprung, Hochsprung, Fliehen und Haschen, und diejenigen von uns, die noch die altmodischen beinernen Schlittschuhe mit Bindfaden an den Stiefeln befestigt trugen, waren nicht die schlechtesten Läufer. Aber einer, ein Fabrikantensohn, besaß ein Paar »Halifax«, die waren ohne Schnur oder Riemen befestigt, und man konnte sie in zwei Augenblicken anziehen und ablegen. Das Wort Halifax stand von da an jahrelang auf meinem Weihnachtswunschzettel, jedoch erfolglos; und als ich zwölf Jahre später einmal ein Paar recht feine und gute Schlittschuhe kaufen wollte und im Laden Halifax verlangte, da ging mir zu meinem Schmerz ein Ideal und ein Stück Kinderglauben verloren, als man mir lächelnd versicherte, Halifax sei ein veraltetes System und längst nicht mehr das Beste. Am liebsten lief ich allein, oft bis zum Einbruch der Nacht. Ich sauste dahin, lernte im raschesten Schnellauf an jedem beliebigen Punkte halten oder wenden, schwebte mit Fliegergenuß balancierend in schönen Bogen. Viele von meinen Kameraden benutzten die Zeit auf dem Eise, um den Mädchen nachzulaufen und zu hofieren. Für mich waren die Mädchen nicht vorhanden. Während andere ihnen Ritterdienste leisteten, sie sehnsüchtig und schüchtern umkreisten oder sie kühn und flott in Paaren führten, genoß ich allein die freie Lust des Gleitens. Für die »Mädelesführer« hatte ich nur Mitleid oder Spott. Denn aus den Konfessionen mancher Freunde glaubte ich zu wissen, wie zweifelhaft ihre galanten Genüsse im Grunde waren.

Da, schon gegen Ende des Winters, kam mir eines Tages die Schülerneuigkeit zu Ohren, der Nordkaffer habe neulich abermals die Emma Meier beim Schlittschuhausziehen geküßt. Die Nachricht trieb mir plötzlich das Blut zu Kopfe. Geküßt! Das war freilich schon was anderes als die faden Gespräche und scheuen Händedrücke, die sonst als höchste Wonnen des Mädleführens gepriesen wurden. Geküßt! Das war ein Ton aus einer fremden, verschlossenen, scheu geahnten Welt, das hatte den leckeren Duft der verbotenen Früchte, das hatte etwas Heimliches, Poetisches, Unnennbares, das gehörte in jenes dunkelsüße, schaurig lockende Gebiet, das von uns allen verschwiegen, aber ahnungsvoll gekannt und streifweise durch sagenhafte Liebesabenteuer ehemaliger, von der Schule verwiesener Mädchenhelden beleuchtet war. Der »Nordkaffer« war ein vierzehnjähriger, Gott weiß wie zu uns verschlagener Hamburger Schuljunge, den ich sehr verehrte und dessen fern der Schule blühender Ruhm mich oft nicht schlafen ließ. Und Emma Meier war unbestritten das hübscheste

Schulmädchen von Gerbersau, blond, flink, stolz und so alt wie ich.

Von jenem Tage an wälzte ich Pläne und Sorgen in meinem Sinn. Ein Mädchen zu küssen, das übertraf doch alle meine bisherigen Ideale, sowohl an sich selbst, als auch weil es ohne Zweifel vom Schulgesetz verboten und verpönt war. Es wurde mir schnell klar, daß der solenne Minnedienst auf der Eisbahn hierzu die einzige gute Gelegenheit sei. Zunächst suchte ich denn mein Äußeres nach Vermögen hoffähiger zu machen. Ich wandte Zeit und Sorgfalt an meine Frisur, wachte peinlich über die Sauberkeit meiner Kleider, trug die Pelzmütze manierlich halb in der Stirn und erbettelte von meinen Schwestern ein rosenrot seidenes Foulard. Zugleich begann ich auf dem Eise die etwa in Frage kommenden Mädchen höflich zu grüßen und glaubte zu sehen, daß diese ungewohnte Huldigung zwar mit Erstaunen, aber nicht ohne Wohlgefallen bemerkt wurde.

Viel schwerer wurde mir die erste Anknüpfung, denn in meinem Leben hatte ich noch kein Mädchen »engagiert«. Ich suchte meine Freunde bei dieser ernsten Zeremonie zu belauschen. Manche machten nur einen Bückling und streckten die Hand aus, andere stotterten etwas Unverständliches hervor, weitaus die meisten aber bedienten sich der eleganten Phrase: »Hab' ich die Ehre?« Diese Formel imponierte mir sehr, und ich übte sie ein, indem ich zu Hause in meiner Kammer mich vor dem Ofen verneigte und die feierlichen Worte dazu sprach.

Der Tag des schweren ersten Schrittes war gekommen. Schon gestern hatte ich Werbegedanken gehabt, war aber mutlos heimgekehrt, ohne etwas gewagt zu haben. Heute hatte ich mir vorgenommen, unweigerlich zu tun, was ich so sehr fürchtete wie ersehnte. Mit Herzklopfen und todbeklommen wie ein Verbrecher ging ich zur Eisbahn, und ich glaube, meine Hände zitterten beim Anlegen der Schlittschuhe. Und dann stürzte ich mich in die Menge, in weitem Bogen ausholend, und bemüht, meinem Gesicht einen Rest der gewohnten Sicherheit und Selbstverständlichkeit zu bewahren. Zweimal durchlief ich die ganze lange Bahn im eiligsten Tempo, die scharfe Luft und die heftige Bewegung taten mir wohl.

Plötzlich, gerade unter der Brücke, rannte ich mit voller Wucht gegen jemanden an und taumelte bestürzt zur Seite. Auf dem Eise aber saß die schöne Emma, offenbar Schmerzen verbeißend, und sah mich vorwurfsvoll an. Vor meinen Blicken ging die Welt im Kreise.

»Helft mir doch auf!« sagte sie zu ihren Freundinnen. Da nahm ich, blutrot im ganzen Gesicht, meine Mütze ab, kniete neben ihr nieder und half ihr aufstehen.

Wir standen nun einander erschrocken und fassungslos gegenüber, und keines sagte ein Wort. Der Pelz, das Gesicht und Haar des schönen Mädchens betäubten mich durch ihre fremde Nähe. Ich besann mich ohne Erfolg auf eine Entschuldigung und hielt noch immer meine Mütze in der Faust. Und plötzlich, während mir die Augen wie verschleiert waren, machte ich mechanisch einen tiefen Bückling und stammelte: »Hab' ich die Ehre?«

Sie antwortete nichts, ergriff aber meine Hände mit ihren feinen Fingern, deren Wärme ich durch den Handschuh hindurch fühlte, und fuhr mit mir dahin. Mir war zumute wie in einem sonderbaren Traum. Ein Gefühl von Glück, Scham, Wärme, Lust und Verlegenheit raubte mir fast den Atem. Wohl eine Viertelstunde liefen wir zusammen. Dann machte sie an einem Halteplatz leise die kleinen

Hände frei, sagte »Danke schön« und fuhr allein davon, während ich verspätet die Pelzkappe zog und noch lange an derselben Stelle stehen blieb. Erst später fiel mir ein, daß sie während der ganzen Zeit kein einziges Wort gesprochen hatte.

Das Eis schmolz, und ich konnte meinen Versuch nicht wiederholen. Es war mein erstes Liebesabenteuer. Aber es vergingen noch Jahre, ehe mein Traum sich erfüllte und mein Mund auf einem roten Mädchenmunde lag.

Judith Hermann
Zigaretten

Er hat mir die folgende, kleine Geschichte beiläufig erzählt, unspektakulär, ohne Anspruch auf ihre Wichtigkeit, sie schien ihn kaum zu beschäftigen. Er erzählte sie wie jemand, der in Gedanken schon ganz woanders ist, er war mit mir zusammen, eigentlich wollte er jetzt gehen. Er wollte das Gespräch nicht mehr fortsetzen, aber an der Tür blieb er dann doch stehen, er wollte nicht flüchten. Er erzählte nicht irgend etwas, aber auch nichts, was ihn hätte aufhalten können, im Fortgehen sagt man etwas vom Fortgehen, ob man will oder nicht. Die Geschichte war auch kurz, eine kleine, kurze Geschichte, ich habe sie nicht vergessen:

Er war sehr jung damals, er ist jetzt noch nicht alt, aber damals war er wirklich sehr jung, zwanzig oder einundzwanzig Jahre alt. Ich kannte ihn noch nicht. Er hatte eine Lehre hinter sich und die Armee, er war vom Land nach Berlin gekommen wie alle anderen auch, er wohnte damals in der Marie-Curie-Allee, das ist nicht wichtig, aber der Straßenname klingt so schön – Marie-Curie-Allee.

Ich versuche mir vorzustellen, wie er damals ausgesehen hat. Er hat mir einmal ein Foto gezeigt aus dieser Zeit, ein Schwarzweiß-Portrait, selbst entwickelt. Er guckt ernst in die Kamera, ausdruckslos, aber dennoch mit einer gewissen Pose, er sieht sehr schön aus, herzzerreißend schön, so kann er nicht ausgesehen haben. Ich erinnere mich deutlich an das Gefühl, das ich hatte, als er mir das Foto zeigte, an meine Traurigkeit darüber, ihn nicht schon damals, nicht schon immer gekannt zu haben. Ich kann mir nicht vorstellen, wie er damals ausgesehen hat.

Er hatte in diesem ersten Jahr in Berlin eine Freundin, Constanze, mit der er heute nicht mehr zusammen, aber noch immer befreundet ist. Ich habe ihn gefragt, wo sie sich kennengelernt hätten, er konnte sich erstaunlicherweise nicht mehr genau daran erinnern, obwohl er – wie er selber sagt – Constanze sehr geliebt hat. »In der Universität, glaube ich«, sagte er, und ich mußte lachen, weil ich weiß, daß er nie studiert hat, sie hingegen ist heute promoviert. Auch Constanze kann ich mir nicht vorstellen, obgleich es mir leichter fällt, Einzelheiten zusammenzufügen – ein blasses Mädchen mit dünnen, langen Beinen, einem verschlossenen Gesicht, fast mongolischen Zügen und grünen oder grüngrauen Augen. Ich glaube, sie hat lange, schwarze Haare gehabt und war so groß und so schmal wie er. Wenn sie lacht – heute –, lacht sie nur halb, vielleicht kann man sagen: halbherzig; sie lacht eindeutig nur mit der einen Hälfte ihres Gesichtes, ihres Mundes. Ich habe ihn gefragt, ob sie sich verändert habe seit damals, genauer, ich habe gefragt: »War sie damals schon so, wie sie heute ist?« Er hat, ohne zu zögern, geantwortet: »Ja«, ich nehme also an, daß sie schon damals so gelacht hat, schief, eigentlich ernsthaft, halb.

In der Geschichte, die er mir im Fortgehen erzählt hat, haben sie sich an einem Nachmittag im Sommer am Brunnen hinter dem Alexanderplatz getroffen. Auf dem Alexanderplatz steht der Fernsehturm auf einer wie bleiernen Fläche Beton, die dann in ein treppenartig angelegtes Wasserspiel übergeht, eine Springbrunnenanlage aus den Sechziger- oder Fünfzigerjahren, dahinter ein kleiner Park, ein alter Springbrunnen mit einem wasserspeienden Neptun, kleine Wege, Parkbänke, dann die Spree, der Blick auf den Palast der Republik. Viel Himmel über allem. Sie haben sich in diesem Park hinter dem Brunnen getroffen, es war Nachmittag, ich glaube, er sagte, es sei heiß gewesen, Sommer, sie saßen auf einer dieser Bänke, eine Stunde lang, zwei.

Wenn es mir überhaupt gelingen will, sie zu sehen, an diesem Nachmittag im Juni, Juli, dann nur in einem Bild, einem Foto, einem gefrorenen Moment, ohne Ton. Sehr viel Licht, Schatten, erstaunlicherweise ein bewegter Himmel, schnelle Wolken, die beiden auf der Bank jedoch reglos, ihr Kopf auf seiner Schulter, vielleicht so, sehr einfach. Sie haben sich nicht getrennt, an diesem Nachmittag. Sie haben sich nichts gestanden und nichts versprochen, sie haben nicht gezweifelt und nicht gestritten, sie waren ganz heil und einfach miteinander; später mußte sie nach Frankfurt Oder fahren, nach Hause, zu ihren Eltern, er hat sie zum Zug gebracht. (Ein Jahr später, als sie ihn verließ, soll er auf der Straße hinter ihr hergerannt sein und sie lauthals beschimpft haben, eine Vorstellung, die mir, so wie ich ihn heute sehe, völlig absurd erscheint, obgleich ich weiß – es ist wahr.) Sie sind von der Bank aufgestanden, vielleicht haben sie sich gestreckt, umarmt. Ich kann ihnen hinterhersehen, am ehesten das, sein Arm um ihre Schulter gelegt, ich denke, sie sind langsam gelaufen, träge, es soll so warm gewesen sein, heiß. Sie sind in die S-Bahn gestiegen am Alexanderplatz und zum Bahnhof Lichtenberg gefahren, mag sein, daß sie noch Zeit hatten, bis der Zug kam. Sie haben am Gleis gewartet, er sagt, sie hätten eine letzte Zigarette rauchen wollen miteinander, aber er habe die Zigaretten liegengelassen, vergessen auf dieser Bank im Park. Sie haben dann nicht mehr geraucht. Der Zug kam, sie stieg ein und fuhr weg, sie kann nicht für lange Zeit fortgefahren sein, er sagte nichts von einem dramatischen, schweren Abschied. Er habe dann eigentlich nach Hause fahren wollen, in die Marie-Curie-Allee nach Lichtenberg, in diese Neubauwohnung, die ich mir nicht vorstellen kann, er war noch fremd in Berlin und kannte so gut wie niemanden außer Constanze. Aber dann habe er an die Zigaretten gedacht auf der Bank im Park und er sei mit der S-Bahn zurück zum Alexanderplatz gefahren. Er ist aus der S-Bahn gestiegen, aus dem Bahnhof gelaufen auf den Platz vor dem Fernsehturm, das Licht dort ist im Sommer fast blendend, wie reflektiert von den grauen, glänzenden Steinen. Er ist die Treppen am Springbrunnen hinuntergelaufen, später Nachmittag, fast Abend jetzt, den Parkweg entlang auf die Bank zu, die Bank war leer, niemand saß darauf. An ihrem Rand lag die Packung Zigaretten. Er hat sie genommen, in die Hosentasche gesteckt, ist nach Hause gefahren.

Als er mir diese Geschichte erzählte, Jahre später, beiläufig und schon im Fortgehen, fragte er mich, ob ich verstehen würde. Er sagte: »Verstehst du¿ Die Zigaretten waren tatsächlich noch da. Ich habe mir eine angezündet, das Päckchen in die Hosentasche gesteckt und bin nach Hause gefahren«, er sagte es so oder ähnlich, und vor allem erinnere ich mich dabei an sein Gesicht, an seinen Ausdruck der Zufriedenheit über das schöne Ende dieser Geschichte. »Ja«, sagte ich, ich sagte, ich würde verstehen, und ich habe ihn auch tatsächlich verstanden.

Ich bin nicht eifersüchtig. Nicht so, nicht so einfach. Ein Satz, an den ich mich erinnere, als sei ich als Kind in seinem Sprachrhythmus dazu auf den Steinplatten des Gartenweges gesprungen: Eifersucht ist eine Leidenschaft, die mit Eifer sucht, was Leiden schafft. Ein Satz, an den ich mich erinnere wie an einen Abzählreim, und heute weiß ich sicher, ich habe ihn damals gar nicht verstanden. Ich verstehe ihn auch jetzt noch nicht recht, irgend etwas scheint mit diesem Satz nicht zu stimmen. Ich bin nicht eifersüchtig auf Constanze, auf diese frühere Liebe zwischen ihm und Constanze; wenn sie sich heute sehen, küßt sie ihn, sachte, auf den Mund, sie sieht manchmal bedauernd dabei aus, ich bin nicht eifersüchtig. Aber was ist es dann? Nachdem er mir diese Geschichte erzählt hatte, ist er gegangen, habe ich die Tür hinter ihm geschlossen, bin so stehengeblieben im dunklen Flur, bewegungslos, traurig und schwer, und etwas war schlimm. Ich kann sie nebeneinandersitzen sehen auf dieser Bank im Park, er sitzt zurückgelehnt, die Augen geschlossen, sie redet, gestikuliert mit kleinen, eckigen, schönen Bewegungen, sie rauchen Zigaretten, sie hat eine etwas theatralische Art, den Rauch auszublasen. Ich weiß nicht, ob und wie sie sich berühren, oder weiß ich es doch? Ich kann das Licht sehen auf den grauen, glänzenden Steinen, ich weiß, es ist heiß. Ich bin eifersüchtig auf diese kleine, kurze Geschichte. Auf ihre Einfachheit. Auf die Zeit. Auf die, die ihn kannten, als ich ihn noch nicht kannte. Darauf, daß er die Welt sah ohne mich, daß er von mir nichts wußte und glücklich war. Ich bin eifersüchtig auf das Damals, auf die Vergangenheit, in der es mich für ihn nicht gab, an der ich nicht teilhatte und in der ich – unwiderruflich – keinen Platz habe. Aber davon hatte er mir nicht erzählt. Und was er mir eigentlich erzählte, habe ich verstanden. Daß die Zeit mit Constanze nämlich eine Zeit war, in der sie geschützt waren. Verschont. Unbewußt, unverletzt. Die andere Zeit, die Zeit der Verletzungen, der Trauer, des Verrates und der Müdigkeit, war noch nicht einmal vorstellbar. Das habe ich verstanden. Daß er die eine Zeit mit Constanze und die andere zum Teil mit mir verbracht hat, das verstehe ich nicht. Die Eifersucht, die mit Eifer sucht, was ein Leiden schafft. Dieser Abzählreim bricht mir das Herz, und dennoch kann ich nicht anders, als immer und immer wieder über ihn nachzudenken, mich an ihn zu erinnern, ihn in die Hand nehmen zu wollen – als wäre er sehr schön. Er erzählte mir diese Geschichte im Fortgehen, und er sah wirklich zufrieden dabei aus, so wie jemand, der etwas zu einem Ende bringt. »Die Zigaretten waren tatsächlich noch da. Ich habe mir eine angezündet, das Päckchen in die Hosentasche gesteckt und bin nach Hause gefahren.«

Rafik Schami
Der erste Kuß nach drei Jahren

Der Beruf des Barkeepers ist kompliziert, und nur wenige wissen das. Bierzapfen, Wein und Schnaps einschenken sind nur eine mechanische Handlung, die jeder in kürzester Zeit lernen kann. Das ist aber noch lange nicht barkeepen. Es mag übertrieben sein, den Barkeeper als Reparaturwerkstatt für gescheiterte Beziehungen und Ärger im Beruf anzusehen, aber ein guter Barkeeper ist wohl ein teilnehmender Beobachter. Im Gegensatz zu seinen Kollegen unter den Soziologen, Ethnologen und Psychologen hat er jedoch keinen Nutzen von seinen Beobachtungen. Wer wie ich drei Jahre lang sein Brot als Barkeeper in einer linken Kneipe verdient hat, weiß, daß unter dem Strich der Erfahrung eine vernebelte große Null bleibt.

Wer heiße Dinge an der Theke erwartet und gar davon berichtet, hat entweder noch keine Kneipe gesehen oder eine ausufernde Phantasie. Die Abende in den deutschen Kneipen laufen in der Regel langweiliger ab als das Familienleben in diesem Land. Und doch gab es einen Abend in meiner Kneipe, an dem es wenig Kunden, aber viel Kurioses gab.

Es war ein eiskalter Dienstagabend im Februar 1975. Ahmad, ein verrückter Syrer, tauchte wie jeden Abend gegen acht Uhr auf. Er hatte immer ein Bier frei bei mir, und wenn er zahlen konnte, bestellte er sich ein zweites. Selten unterhielt er sich, trank langsam und bedächtig, und wenn sein Glas leer war, nahm er seine Baskenmütze und ging. Abend für Abend.

Nicht jedoch an jenem Dienstag. Sichtlich nervös trank

er sein erstes Bier, zählte sorgfältig seine Groschen auf die Theke und bestellte laut ein zweites.

»Wie geht's?« fragte ich auf arabisch.

»Guuuuuut«, antwortete er auf deutsch, und ich ahnte, daß er es den anwesenden Deutschen mitteilen wollte. Er lachte dämonisch und fragte: »Und weißt du, warum?«

Noch bevor ich seine Frage verneinen konnte, fuhr er fort: »Ich habe ein Honolulukomitee gegründet!«

Das rief er so laut, daß sein bärtiger Nachbar sichtlich aufschrak. »Was für 'n Ding?«

»Ein Honolulukomitee!« wiederholte Ahmad. »Für Persien gibt's drei, für Palästina fünf, es gibt welche für Vietnam, Kambodscha, Gefangene und Frauen, Homos und Frieden, Südafrika und Lateinamerika, aber noch keines für Honolulu. Gibt's in Honolulu keine Klassenkämpfe, Frauen und Homos?«

Der Bärtige fragte allen Ernstes, welche politische Gruppe das Komitee tragen solle, und er erfuhr, daß Ahmad der Gründer und einziges Mitglied sei und daß er keine Mitglieder aufnehme, sondern noch andere Komitees alleine gründen wolle.

»Jeder Mensch sollte ein Komitee für alle Länder gründen«, schmetterte er dem verwirrten Linken mit dem großen Bart entgegen. Lange noch stritten die beiden, weil der Bärtige nicht verstehen konnte, warum ein Araber ausgerechnet Honolulu so wichtig fand.

Ich hatte zu tun und verfolgte die erregte Diskussion nicht weiter, aber plötzlich sprangen zwei Studenten auf, um die beiden Kampfhähne zu trennen. Ahmad sollte den deutschen Linken, der in einem Palästinakomitee mitmachte, Antisemit geschimpft haben. Das verschmitzte Lächeln der Gäste, die die Auseinandersetzung belustigt verfolgt hatten, schmolz dahin, und eine eisige Stille trat ein.

»Salam, Bruder!« rief Ahmad beim Hinausgehen auf arabisch, als wolle er betonen, daß er sich kein Wiedersehen mit den anderen wünschte.

Kaum hatte Ahmad die Kneipe verlassen, trat Carlo ein. Ein erleichtertes »Hallo!« schlug ihm entgegen. Die Linken in meiner Kneipe amüsierten sich über sein Temperament und stachelten ihn noch mehr auf. Ich hatte oft Mitleid mit Karl-Heinz, und ich war der einzige, der ihn so nannte. Er sah eher wie ein Afroaraber aus, obwohl er aus dem tiefsten Schwabenland stammte. Wegen seines Aussehens hatte er Probleme bei der Zimmer- und Arbeitssuche. Die Leute bewunderten, daß er »verdammt gut deutsch« redete, und gaben ihm kein Zimmer und die dreckigste Arbeit. Ich spürte seine Einsamkeit, wenn er betrunken als letzter die Kneipe verließ. Den Jubel der Linken um ihn empfand ich wie den gaffender Zuschauer im Zirkus.

An jenem merkwürdigen Dienstag abend aber war er wie verwandelt, frisch rasiert schenkte er den grölenden Typen an den drei Tischen keinen müden Blick.

»Pils«, sagte er leise und gab mir die Hand. Zwischen ihm und seinem bärtigen Nachbarn blieb ein Stuhl frei. So setzte sich Karl-Heinz immer, um sein Glück wieder auf die Probe zu stellen. Es ist ja immerhin eine Wahrscheinlichkeit von 1:1, daß eine Frau den freien Hocker besetzt. Die Rechnung ging auch bald auf. Eine Frau trat ein, schaute um sich, als ob sie jemand suchte, dann setzte sie sich zwischen Karl-Heinz und den Bärtigen. Sie bestellte einen Rotwein und zog ihren Mantel aus.

Ich erledigte ein paar Bestellungen der Gäste an den Tischen und lehnte mich dann an das Regal Karl-Heinz gegenüber. Der Bärtige war inzwischen voll in Fahrt, der Frau seine Ansichten zu erklären, Vietnam, Südjemen, Cuba und Lenin wurden oft und Marx seltener in seinen Monolog eingeflochten. Die Frau bemerkte zwischendurch gelangweilt »Wer? Ach ja?« und manchmal »Ach so!«.

(Diese Redewendung kenne ich als Barkeeper gut, sie bedeutet für den sensiblen Erzähler: ich höre deinem Geschwätz überhaupt nicht zu. Es interessiert mich nicht. Laß mich in Ruhe!) Der Bärtige war aber nicht so feinfühlig. Er wurde immer aufdringlicher und seine Gestik und Themen wurden immer hitziger. Als ich zwei Pils abgezapft hatte und zurückkam, war er bei der gesellschaftlichen Repression und Wilhelm Reich. Karl-Heinz und ich lächelten, weil wir die Route kannten. Die Frau schaute ab und zu zur Tür und blieb bei ihrem einsilbigen »Wer? Ach ja?« oder »Ach so!«.

Doch der Bärtige verstand noch immer nicht den Wink. Er legte seinen Arm um die Schulter der Frau und ergoß seine Schmeicheleien in ihr Ohr.

»Du bist aber ziemlich emanzipiert!« – »Ehrlich, du, ich finde dich ganz stark!« – »Warum kommst du nicht in den Kapital-AK?« – »Wie kommt es, daß ich dich nicht kenne?«

Die Frau blieb weiterhin bei ihrem »Wer? Ach ja?« oder »Ach so!«. Die Hand des Bärtigen schob sich von ihrer Schulter über Hals und Rücken und dann zur Brust. Angewidert schob sie seine Hand fort und rückte samt Hocker zu Karl-Heinz, als dieser sein drittes Pils bestellte. Ich erledigte noch ein paar Bestellungen und brachte Karl-Heinz sein Pils. Da war er schon mitten in seiner Anmache. Er redet dabei nie – auch an diesem Abend nicht – von Cuba oder Vietnam, sondern vom Genießen und seiner Geilheit.

Damit kam Karl-Heinz wie jedermann in den Siebzigern nicht an. Die Frau sagte jedoch nicht mehr »Wer? Ach ja?« oder »Ach so!«, sondern lachte herzlich und gab Karl-Heinz immer wieder mal einen zärtlichen Stups. Beide amüsierten sich wie Kinder, und ab und zu fielen sie sich in die Arme. Der Bärtige wurde immer finsterer und trank stumm sein Bier. Die Frau leerte ihr Glas und schaute auf die Uhr. Es war bereits nach zehn. Sie legte 3,50 für den Wein auf die Theke. Karl-Heinz stand auf. Die Frau knöpfte ihren Mantel zu, dann umarmte sie ihn lange und flüsterte ihm irgendwas ins Ohr. Ich sah, wie sich seine halbgeschlossenen Augen plötzlich überrascht weiteten. Er streichelte ihr über den Kopf. »Ist in Ordnung! Mach's gut!« sagte er und sank auf seinem Hocker zusammen, als die Frau »Tschüs!« rief. Der Bärtige antwortete nicht. Er vergewisserte sich mit einem verstohlenen Blick, daß sie draußen war, und zischte: »Blöde Gans!«

»Eine tolle Frau!« erwiderte Karl-Heinz bestimmt.

»Toll sagst du? Eine verblödete kleinbürgerliche Jungfer ist sie!« zürnte der Bärtige und nahm einen kräftigen Schluck aus seinem Glas. »Von nix 'ne Ahnung!« giftete er, da Karl-Heinz nur den Kopf schüttelte.

»Und ob sie eine Ahnung hat! Sie ist lesbisch!«

»Da haben wir es!« rief der Bärtige und quasselte weiter. Karl-Heinz und ich zogen ihn richtig auf, und wir amüsierten uns eine Weile. Plötzlich trat eine ältere Frau ein. Sie schaute etwas verlegen um sich, wie die, die zum ersten Mal in ein Nachtlokal hineingeraten. Sie blieb eine Weile überlegend stehen, dann entschied sie sich für den Hocker neben Karl-Heinz. Ein Lächeln huschte über das Gesicht des Bärtigen. Er nahm sein Glas und setzte sich zu einer der Gruppen an einen nahen Tisch. Selten kamen ältere

Menschen in diese linke Kneipe, und wenn, dann nur einmal. Die Deutschen mögen Ordnung und Gleichgesinnung sogar beim Saufen. Bürgerliche, linke, rechte, Szene-, Frauen-, Jugend- und Rentnerkneipen sind nur in diesem Land möglich.

Die ältere Frau setzte sich und bestellte einen Korn und einen Kaffee. Schnell gab Karl-Heinz der Frau sein Feuerzeug, als sie in ihrer Tasche kramte. Sie lächelte und bot ihm eine Zigarette an. Die beiden redeten und lachten, und ich verstand, daß diese Frau nach vierzig Jahren Ehe an jenem Abend beschlossen hatte, allein das Leben zu genießen. Sie sah eher erleichtert aus als traurig. Die Leute an dem Tisch, zu denen sich der Bärtige gesetzt hatte, begannen bald über Carlo zu witzeln. Dann wurde die Kneipe etwas voller, und ich hatte alle Hände voll zu tun, die Gäste zu bedienen. Plötzlich hörte ich ein fröhliches »Tschüs!«. Ich drehte mich um. Karl-Heinz hatte seinen Mantel schon zugeknöpft und seinen roten Schal um den Hals geworfen. Überrascht wollte ich ihn fragen, warum er so früh gehen wollte, aber in diesem Augenblick nahm er das Gesicht der Frau in seine Hände und gab ihr einen langen Kuß auf die Lippen. Der Bärtige jodelte. Die Frau hielt Karl-Heinz fest, und beide blieben eine Weile eng umschlungen.

»Zahlen bitte!« sagte die Frau leise, und beide verließen die Kneipe. Das war das erstemal in drei Jahren, daß Karl-Heinz die Kneipe nicht allein verließ.

Hermann Hesse
Von den zwei Küssen

Piero erzählte:

Wir haben diesen Abend mehrmals über das Küssen gesprochen und darüber gestritten, welche Art des Kusses die beglückendste sei. Es ist die Sache der Jugend, das zu beantworten; wir alten Leute sind über das Versuchen und Erproben hinaus und können über dergleichen wichtige Dinge nur noch unsere trübgewordene Erinnerung befragen. Aus meiner bescheidenen Erinnerung will ich euch also die Geschichte zweier Küsse erzählen, von welchen mir jeder zugleich als der süßeste und bitterste in meinem Leben erschienen ist.

Als ich zwischen sechzehn und siebzehn alt war, besaß mein Vater noch ein Landhaus auf der Bologneser Seite des Apennin, in dem ich den größten Teil meiner Knabenjahre verlebt habe, vor allem jene Zeit zwischen Knabentum und Jünglingtum, die mir heute – möget ihr es verstehen oder nicht – als die schönste im ganzen Leben erscheint. Längst hätte ich jenes Haus einmal wieder aufgesucht oder es als Ruhesitz für mich erworben, wäre es nicht durch eine unerfreuliche Erbschaft an einen meiner Vettern gefallen, mit dem ich beinah schon von Kind auf mich schlecht vertrug und der übrigens eine Hauptrolle in meiner Geschichte spielt.

Es war ein schöner, nicht allzu heißer Sommer, und mein Vater bewohnte mit mir und mit ebenjenem Vetter, den er zu Gast geladen hatte, das kleine Landhaus. Meine Mutter lebte damals schon lange nicht mehr. Der Vater war noch in guten Jahren, ein wohlbeschaffener Edelmann, der uns Jungen im Reiten und Jagen, Fechten und Spielen, in *artibus vivendi et amandi* zum Vorbild diente. Er bewegte sich noch immer leicht und fast jugendlich, war schön und kräftig gewachsen und hat bald nach jener Zeit zum zweitenmal geheiratet.

Der Vetter, der Alvise hieß, war damals dreiundzwanzigjährig und, wie ich gestehen muß, ein schöner junger Mann. Nicht nur war er schlank und gut gebaut, trug schöne lange Locken und hatte ein frisches, rotwangiges Gesicht, sondern er bewegte sich auch mit Eleganz und Anmut, war ein brauchbarer Plauderer und Sänger, tanzte recht gut und genoß schon damals den Ruf eines der beneidetsten Frauengünstlinge unserer Gegend. Daß wir einander durchaus nicht leiden mochten, hatte seine guten Ursachen. Er behandelte mich hochmütig oder mit einem unleidlich ironischen Wohlwollen, und da mein Verstand über meine Jahre entwickelt war, beleidigte mich diese geringschätzige Art, mit mir umzugehen, fortwährend aufs bitterste. Auch hatte ich als ein guter Beobachter manche seiner Intrigen und Heimlichkeiten entdeckt, was natürlich wiederum ihm recht unlieb war. Einigemal versuchte er mich durch ein geheuchelt freundschaftliches Benehmen zu gewinnen, doch ging ich nicht darauf ein. Wäre ich ein klein wenig älter und klüger gewesen, so hätte ich ihn durch verdoppelte Artigkeit eingefangen und bei guter Gelegenheit zu Fall gebracht – erfolgreiche und verwöhnte Leute sind ja so leicht zu täuschen! So aber war ich zwar erwachsen genug, um ihn zu hassen, aber noch zu sehr Kind, um andere Waffen als Sprödigkeit und Trotz zu kennen, und statt ihm seine Pfeile zierlich vergiftet wieder zuzuwerfen, trieb ich sie mir durch meine machtlose Entrüstung nur selber noch tiefer ins Fleisch. Mein Vater, dem unsere gegenseitige Abneigung natürlich nicht verborgen geblieben war, lachte dazu und neckte uns damit. Er hatte den schönen und eleganten Alvise gern und ließ sich durch mein feindliches Verhalten nicht daran hindern, ihn häufig einzuladen.

So lebten wir auch jenen Sommer zusammen. Unser Landhaus lag schön am Hügel und blickte über Weinberge hinweg gegen die entfernte Ebene. Erbaut wurde es, soviel ich weiß, von einem unter der Herrschaft der Albizzi verbannten Florentiner. Ein hübscher Garten lag darum her; mein Vater hatte rund um ihn eine neue Mauer errichten lassen, und sein Wappen war auf dem Portal in Stein ausgehauen, während über der Tür des Hauses noch immer das Wappen des ersten Besitzers hing, das aus einem brüchigen Stein gearbeitet und kaum mehr kenntlich war. Weiter gegen das Gebirge hinein gab es eine sehr gute Jagd; dort ging oder ritt ich fast alle Tage umher, sei es allein oder mit meinem Vater, der mich damals in der Falkenbeize unterrichtete.

Wie gesagt, ich war beinah noch ein Knabe. Aber doch war ich keiner mehr, sondern stand mitten in jener kurzen, sonderbaren Zeit, da zwischen der verlorenen Kindesheiterkeit und der noch unerfüllten Mannbarkeit die jungen Leute wie zwischen zwei verschlossenen Gärten auf einer heißen Straße wandeln, lüstern ohne Grund, traurig ohne Grund. Natürlich schrieb ich eine Menge Terzinen und dergleichen, war aber noch nie in etwas anderes als in poetische Traumbilder verliebt gewesen, obwohl ich vor Sehnsucht nach einer wirklichen Liebe zu sterben meinte. So lief ich in einem beständigen Fieber herum, liebte die Einsamkeit und kam mir unsäglich unglücklich vor. Es verdoppelte meine Leiden der Umstand, daß ich sie sorgfältig verborgen halten mußte. Denn weder mein Vater noch der verhaßte Alvise hätten mich, wie ich genau wußte, mit ihrem Spott verschont. Auch meine schönen Gedichte verbarg ich vorsorglicher als ein Geizhals seine Dukaten, und wenn mir die Truhe nicht mehr sicher genug erscheinen wollte, trug ich die Kapsel mit den Papieren in den Wald und vergrub sie dort, schaute aber jeden Tag nach, ob sie noch da sei.

Bei einem solchen Schatzgräbergang sah ich einst zufällig meinen Vetter am Rande des Waldes stehen. Ich schlug sogleich eine andere Richtung ein, da er mich noch nicht gesehen hatte, behielt ihn aber im Auge; denn ich hatte mir ebensosehr aus Neugierde wie aus Feindschaft angewöhnt, ihn beständig zu beobachten. Nach einiger Zeit sah ich aus den Feldern eine junge Magd, die zu unserm Haushalt gehörte, hervorkommen und sich dem wartenden Alvise nähern. Er schlang den Arm um ihre Hüfte, drückte sie an sich und verschwand so mit ihr im Walde.

Da erfaßte mich ein gewisses Fieber und zugleich ein glühender Neid gegen den älteren Vetter, den ich Früchte pflücken sah, die für mich noch zu hoch hingen. Bei der Abendmahlzeit faßte ich ihn scharf ins Auge, denn ich glaubte, man müsse es irgendwie seinen Augen oder seinen Lippen ansehen, daß er geküßt und Liebe genossen hatte. Er sah jedoch aus wie sonst und war auch ebenso heiter und gesprächig. Von da an konnte ich weder jene Magd noch Alvise ansehen, ohne einen lüsternen Schauder zu spüren, der mir ebenso wohl wie wehe tat.

Um diese Zeit – es ging gegen den Hochsommer – brachte eines Tages mein Vetter die Nachricht, wir hätten Nachbarn bekommen. Ein reicher Herr aus Bologna mit seiner schönen jungen Frau, die Alvise beide schon seit längerer Zeit kannte, hatten ihr Landhaus bezogen, das keine halbe Stunde von unserm entfernt und etwas tiefer am Berge lag.

Dieser Herr war auch mit meinem Vater bekannt, und ich glaube, er war sogar ein entfernter Verwandter meiner verstorbenen Mutter, die aus dem Hause der Pepoli stammte; doch weiß ich dies nicht gewiß. Sein Haus in Bologna stand nahe beim Collegio di Spagna. Das Landhaus aber war ein Besitztum seiner Frau. Sie und er und auch schon ihre drei Kinder, von denen damals noch keines geboren war, sind nun alle gestorben, wie denn außer mir von allen den damals Versammelten nur noch mein Vetter Alvise am Leben ist, und auch er und ich sind jetzt Greise, ohne daß wir uns freilich deshalb lieber geworden wären.

Schon am folgenden Tage begegneten wir auf einem Ausritt jenem Bolognesen. Wir begrüßten ihn, und mein Vater forderte ihn auf, er möge ihn, samt seiner Frau, in Bälde besuchen. Der Herr schien mir nicht älter als mein Vater zu sein; doch ging es nicht an, diese beiden Männer miteinander zu vergleichen, denn mein Vater war groß und von edelstem Wuchse, jener aber klein und unschön. Er erwies meinem Vater alle Artigkeit, sagte auch zu mir einige Worte und versprach, er wolle uns am nächsten Tage besuchen, worauf mein Vater ihn sogleich aufs freundlichste zu Tische lud. Der Nachbar dankte, und wir schieden mit vielen Komplimenten und in der größten Zufriedenheit voneinander.

Tags darauf ließ mein Vater ein gutes Mahl bestellen und auch, der fremden Dame zu Ehren, einen Blumenkranz auf den Tisch legen. Wir erwarteten unsere Gäste in großer Freude und Spannung, und als sie ankamen, ging mein Vater ihnen bis unter das Tor entgegen und hob die Dame selber vom Pferde. Wir setzten uns darauf alle fröhlich zu Tisch, und ich bewunderte während der Mahlzeit Alvise noch mehr als meinen Vater. Er wußte den Fremden, zumal der Dame, so viele drollige schmeichelhafte und ergötzliche Dinge zu sagen, daß alle vergnügt wurden und das Gespräch und Gelächter keinen Augenblick stockte. Bei diesem Anlaß nahm ich mir vor, diese wertvolle Kunst auch zu lernen.

Am meisten aber beschäftigte mich der Anblick der jungen Edeldame. Sie war ausnehmend schön, groß und schlank, prächtig gekleidet, und ihre Bewegungen waren natürlich und reizend. Genau erinnere ich mich, daß sie an ihrer mir zugewendeten, linken Hand drei Goldringe mit großen Steinen und am Halse, ein dreifaches goldenes Kettchen mit Platten von florentinischer Arbeit trug. Als das Mahl sich zu Ende neigte und ich sie genugsam betrachtet hatte, war auch ich schon zum Sterben in sie verliebt und empfand zum erstenmal diese süße und verderbliche Leidenschaft, von der ich schon viel geträumt und gedichtet hatte, in aller Wirklichkeit.

Nach aufgehobener Tafel ruhten wir alle eine Weile aus. Alsdann begaben wir uns in den Garten, saßen daselbst im Schatten und ergötzten uns an mancherlei Gesprächen, wobei ich eine lateinische Ode hersagte und ein wenig Lob erntete. Am Abend speisten wir in der Loggia, und als es anfing dunkler zu werden, machten sich die Gäste auf den Heimweg. Ich erbot mich sogleich, sie zu begleiten; aber Alvise hatte schon sein Pferd vorführen lassen. Man verabschiedete sich, die drei Pferde setzten sich in Schritt, und ich hatte das Nachsehen.

An jenem Abend und in jener Nacht hatte ich denn zum erstenmal Gelegenheit, etwas vom Wesen der Liebe zu erfahren. So hochbeglückt ich den ganzen Tag beim Anblick der Dame gewesen war, so elend und untröstlich wurde ich von der Stunde an, da sie unser Haus wieder verlassen hatte. Mit Schmerz und Neid hörte ich nach einer Stunde den Vetter heimkehren, die Pforte verschließen und sein Schlafzimmer aufsuchen. Dann lag ich die ganze Nacht, ohne schlafen zu können, seufzend und unruhig in meinem Bette. Ich suchte mich des Aussehens der Dame genau zu erinnern, ihrer Augen, Haare und Lippen, ihrer Hände und Finger und jedes Wortes, das sie gesprochen hatte. Ich flüsterte ihren Namen Isabella mehr als hundertmal zärtlich und traurig vor mich hin, und es war ein Wunder, daß niemand am folgenden Tage mein verstörtes Aussehen bemerkte. Den ganzen Tag wußte ich nichts anderes zu tun, als mich auf Listen und Mittel zu besinnen, um die Dame wiederzusehen und womöglich irgendeine Freundlichkeit von ihr zu erlangen. Natürlich quälte ich mich vergeblich, ich hatte keine Erfahrung, und in der Liebe beginnt jeder, auch der Glücklichste, notwendig mit einer Niederlage.

Einen Tag später wagte ich es, zu jenem Landhause hinüberzugehen, was ich sehr leicht heimlich tun konnte, denn es lag nahe am Walde. Am Rande des Waldes verbarg ich mich behutsam und spähte mehrere Stunden lang hinüber, ohne etwas anderes zu Gesicht zu bekommen als einen trägen, feisten Pfau, eine singende Magd und einen Flug weißer Tauben. Und nun lief ich jeden lieben Tag dorthin, hatte auch zwei- oder dreimal das Vergnügen, Donna Isabella im Garten lustwandeln oder an einem Fenster stehen zu sehen.

Allmählich wurde ich kühner und drang mehrmals bis in den Garten vor, dessen Tor fast immer geöffnet und durch hohe Gebüsche geschützt war. Unter diesen versteckte ich mich so, daß ich mehrere Wege überschauen konnte, mich auch ganz nahe bei einem kleinen Lusthäuschen befand, worin Isabella sich am Vormittag gerne aufhielt. Dort stand ich halbe Tage, ohne Hunger oder Ermattung zu fühlen, und zitterte jedesmal vor Wonne und Angst, sobald ich die schöne Frau zu sehen bekam.

Eines Tages war mir im Walde der Bolognese begegnet, und ich lief mit doppelter Freude an meinen Posten, da ich ihn nicht zu Hause wußte. Aus demselben Grunde wagte ich mich diesmal auch weiter als sonst in den Garten und verbarg mich dicht neben jenem Pavillon in einem dunklen Lorbeergebüsch. Da ich im Innern Geräusch vernahm, wußte ich, daß Isabella zugegen war. Einmal glaubte ich auch ihre Stimme zu hören, jedoch so leise, daß ich dessen nicht sicher war. Geduldig wartete ich in meinem mühseligen Hinterhalt, bis ich sie zu Gesicht bekäme, und war zugleich beständig in Furcht, ihr Gatte möchte heimkehren und mich zufällig entdecken. Das mir zugewendete Fenster des Lusthäuschens war zu meinem großen Bedauern und Ärger mit einem blauen Vorhang aus Seide verhangen, so daß ich nicht hineinsehen konnte. Dagegen beruhigte es mich ein wenig, daß ich an dieser Stelle von der Villa her nicht gesehen werden konnte.

Nachdem ich länger als eine Stunde gewartet hatte, schien es mir, als finge der blaue Vorhang an, sich zu bewegen, wie wenn jemand dahinter stände und durch die Ritze in den Garten hinauszuspähen versuchte. Ich hielt mich gut verborgen und wartete in größter Erregung, was nun geschehen würde, denn ich war keine drei Schritt von jenem Fenster entfernt. Der Schweiß lief mir über die Stirn, und mein Herz pochte so stark, daß ich fürchtete, man könne es hören.

Was sich nun begab, traf mich schlimmer als ein Pfeilschuß in mein unerfahrenes Herz. Der Vorhang flog mit einem heftigen Ruck beiseite, und blitzschnell, aber ganz leise, sprang ein Mann aus dem Fenster. Kaum hatte ich mich von meiner namenlosen Bestürzung erholt, so fiel ich schon in eine neue; denn im nächsten Augenblick erkannte ich in dem kühnen Manne meinen Feind und Vetter. Wie ein Wetterleuchten kam plötzlich das Verständnis über mich. Ich zitterte vor Wut und Eifersucht und war nahe daran, aufzuspringen und mich auf ihn zu stürzen.

Alvise hatte sich vom Boden aufgerichtet, lächelte und schaute vorsichtig um sich her. Gleich darauf trat Isabella, die den Pavillon vorn durch die Tür verlassen hatte, um die Ecke und auf ihn zu, lachte ihn an und flüsterte leise und zärtlich: »Geh nun, Alvise, geh! Addio!«

Zugleich bog sie sich ihm entgegen, er umfaßte sie und drückte seinen Mund auf den ihren. Sie küßten sich nur ein einziges Mal, aber so lang und begierig und glühend, daß mein Herz in dieser Minute wohl tausend Schläge tat. Nie hatte ich die Leidenschaft, die ich bis dahin eigentlich nur aus Versen und Erzählungen kannte, aus solcher Nähe gesehen, und der Anblick meiner Donna, deren rote Lippen dürstend und gierig am Munde meines Vetters hingen, brachte mich nahezu um den Verstand.

Dieser Kuß, meine Herrschaften, war zugleich für mich süßer und bitterer als irgendeiner, den ich selber je gegeben oder empfangen habe – einen einzigen vielleicht ausgenommen, von dem ihr sogleich auch hören sollt.

Noch am selben Tage, während meine Seele noch wie ein verwundeter Vogel zitterte, wurden wir eingeladen, morgen bei dem Bolognesen zu Gaste zu sein. Ich wollte nicht mitgehen, aber mein Vater befahl es mir. So lag ich wieder eine Nacht schlaflos und in Qualen. Dann bestiegen wir die Pferde und ritten gemächlich hinüber, durch das Tor und den Garten, den ich so oft heimlich betreten hatte. Während aber mir höchst bang und elend zumute war, betrachtete Alvise das Gartenhäuschen und die Lorbeergebüsche mit einem Lächeln, das mich toll machte.

Zwar hingen bei Tisch auch diesmal meine Augen ohne Unterlaß an Donna Isabella, aber jeder Blick bereitete mir Höllenpein, denn ihr gegenüber saß der verhaßte Alvise am Tisch, und ich konnte die schöne Dame nicht mehr ansehen, ohne mir aufs deutlichste die Szene von gestern vorzustellen. Dennoch sah ich fortwährend auf ihre reizenden Lippen. Die Tafel war mit Speisen und Weinen vortrefflich besetzt, das Gespräch lief heiter und lebhaft dahin; aber mir schmeckte kein Bissen, und ich wagte an den Unterhaltungen nicht mit einem Wörtchen teilzunehmen. Der Nachmittag kam mir, während alle andern so fröhlich waren, so lang und schlimm wie eine Bußwoche vor.

Während der Abendmahlzeit meldete der Diener, es stehe ein Bote im Hof, der den Hausherrn sprechen wolle. Also entschuldigte sich dieser, versprach, bald zurückzukehren, und ging. Mein Vetter führte wieder hauptsächlich die Unterhaltung. Aber mein Vater hatte, wie ich glaube, ihn und Isabella durchschaut und machte sich das Vergnügen, sie ein wenig durch Anspielungen und sonderbare Fragen zu necken. Unter anderm fragte er die Dame scherzend: »Saget doch, Donna, welchem von uns dreien würdet Ihr am liebsten einen Kuß geben?«

Da lachte die schöne Frau laut auf und sagte ganz eifrig: »Am liebsten diesem hübschen Knaben dort!« Sie war auch schon von ihrem Sessel aufgestanden, hatte mich an sich gezogen und gab mir einen Kuß – aber er war nicht wie jener gestrige lang und brennend, sondern leicht und kühl.

Und ich glaube, dies war der Kuß, der für mich mehr Lust und Leid als jemals irgendein anderer enthielt, den ich von einer geliebten Frau empfing.

Haruki Murakami
Das Fenster

Sehr geehrte Dame, mit jedem Tag schwindet die winterliche Kälte, und in jedem Sonnenstrahl kündigt sich der zarte Duft des Frühlings an. Ich hoffe, es geht Ihnen gut.

Ihren letzten Brief habe ich mit Vergnügen gelesen. Besonders die Passage über das Verhältnis zwischen Hamburger Steaks und Muskatnuß war recht gut und mit viel Sinn für das tägliche Leben geschrieben. Mir stiegen die warmen Küchendüfte förmlich in die Nase, und ich glaubte zu hören, wie das Messer die Zwiebeln zerhackte. Eine einzige Stelle dieser Art verleiht einem Brief bereits Lebendigkeit.

Beim Lesen Ihres Briefes überkam mich ein solcher Heißhunger auf Hamburger Steaks, daß ich noch am selben Abend in ein Restaurant um die Ecke ging und ein Hamburger Steak bestellte. Zu meiner Überraschung bot dieses Restaurant acht verschiedene Sorten Hamburger Steak an. Es gab Steak auf texanische Art, auf californische Art, auf hawaiische Art, auf japanische Art und auf noch andere Arten. Texanische Art bedeutet besonders groß. Das ist alles. Wenn die Texaner das wüßten, wären sie sicher erstaunt. Das Steak auf hawaiische Art ist mit Ananasscheiben garniert. Californische Art ... habe ich wieder vergessen. Bei der japanischen Art ist geriebener Rettich dabei. Der Laden ist schick eingerichtet, die Kellnerinnen sind alle hübsch und tragen sehr kurze Röcke.

Aber ich bin nicht dorthin gegangen, um Studien über die Inneneinrichtung des Restaurants zu betreiben oder die Beine der Bedienung zu betrachten. Ich ging einzig und allein dorthin, um ein Hamburger Steak zu essen, und zwar ein ganz normales Hamburger Steak, ohne irgendeine Art.

Ich sagte der Kellnerin, daß ich ein ganz normales Hamburger Steak essen wolle.

Die Kellnerin antwortete, es täte ihr sehr leid, aber ich könne in diesem Restaurant nur Steaks auf diese oder jene Art essen.

Natürlich war das nicht die Schuld der Kellnerin. Nicht sie bestimmte die Speisekarte, und sie trug auch gewiß nicht freiwillig diese Uniform, die jedesmal, wenn sie das Geschirr abräumte, einen Blick auf ihre Schenkel gewährte. Deswegen lächelte ich freundlich und bestellte ein Hamburger Steak auf hawaiische Art. Ich könne ja die Ananas zur Seite legen, erklärte sie mir.

Die Welt ist sonderbar. Obwohl ich lediglich ein ganz normales Hamburger Steak möchte, ist dies in gewissen Momenten nur in Form eines Hamburger Steaks auf hawaiische Art möglich, von dem man die Ananas entfernt.

Bei dem von Ihnen zubereiteten Hamburger Steak handelt es sich doch wohl um ein ganz normales Hamburger Steak, oder? Beim Lesen Ihres Briefes bekam ich jedenfalls richtig Lust auf ein von Ihnen zubereitetes ganz normales Hamburger Steak.

Im Gegensatz dazu hatte ich bei der Stelle über die Fahrkartenautomaten der staatlichen Eisenbahn den Eindruck, sie sei etwas zu oberflächlich. Ihr Ansatz ist zwar interessant, aber die Szenerie wird dem Leser nicht richtig begreiflich. Versuchen Sie bitte nicht, irgendwie scharfsinnig zu sein. Ein Text ist letztlich ein Ersatz.

Insgesamt möchte ich Ihren neuesten Brief mit 70 Punkten bewerten. Langsam, aber sicher verbessert sich Ihr schriftlicher Ausdruck. Bitte werden Sie nicht ungeduldig und bemühen Sie sich weiter. Ich freue mich schon auf Ihren nächsten Brief. Wie schön wäre es, wenn es bald Frühling würde.

Tōkyō, den 12. März

PS. Vielen Dank für die Keksschachtel. Die Kekse waren delikat. Da die Bestimmungen unserer Firma jedoch jedweden persönlichen Verkehr außerhalb von Briefen untersagen, bitte ich Sie, von weiteren Freundlichkeiten dieser Art abzusehen. Haben Sie trotzdem vielen Dank.

Ich behielt diesen Job etwa ein Jahr. Damals war ich zweiundzwanzig.

Ich hatte einen Vertrag mit einer seltsamen kleinen Firma in Iidabashi namens »Pen Society« geschlossen und schrieb jeden Monat über dreißig solcher Briefe. Für jeden dieser Briefe erhielt ich 2000 Yen.

»Lernen auch Sie Briefe schreiben, die zu Herzen gehen«, hieß der Slogan dieser Firma. Neue Mitglieder zahlten eine einmalige Aufnahmegebühr und einen monatlichen Beitrag, dafür konnten sie jeden Monat vier Briefe an die Pen Society schicken. Im Gegenzug korrigierten wir Pen Master die Briefe und schrieben Antworten wie die oben zitierte, in denen wir unsere Eindrücke wiedergaben und Verbesserungsvorschläge machten. Ich war im Studentenbüro der Literaturfakultät auf den Aushang der Firma gestoßen, in dem sie junge Leute für diese Tätigkeit warb, und hatte mich für ein Bewerbungsgespräch gemeldet. Aufgrund verschiedener Umstände hatte ich mich damals gerade dazu entschlossen, mein Studium um ein Jahr zu verlängern. Meine Eltern hatten mir mitgeteilt, daß sie im Falle eines zusätzlichen Studienjahres die monatlichen Zuwendungen das nächste Jahr kürzen würden. Das zwang mich, meinen Lebensunterhalt selbst zu verdienen. Ich ging also zu dem Bewerbungsgespräch, schrieb ein paar Aufsätze und wurde eine Woche später eingestellt. In der folgenden Woche wurde ich von einem Dozenten über die Kunst der Korrektur, das Know-how des Anleitens und über verschiedene Vorschriften unterrichtet. Es war nicht besonders schwer.

Den weiblichen Mitgliedern wurden männliche, den männlichen Mitgliedern weibliche Pen Master zugeteilt. Ich war für insgesamt vierundzwanzig Mitglieder verantwortlich, deren Alter von vierzehn bis dreiundfünfzig reichte. Das Durchschnittsalter lag zwischen fünfundzwanzig und fünfunddreißig, der Großteil der Frauen war also älter als ich. Den ersten Monat verwirrte mich das sehr. Die meisten Mitglieder verfügten über einen viel elaborierteren Stil und waren viel erfahrener im Briefeschreiben als ich. Ehrlich gesagt, hatte ich bis dahin kaum ernsthafte Briefe verfaßt. Blut und Wasser schwitzend, brachte ich irgendwie den ersten Monat herum. Ich war darauf gefaßt, daß einige Mitglieder nach einem neuen Pen Master verlangen würden – ein Recht, das den Mitgliedern laut Firmenstatut zugebilligt wurde.

Aber nach Ablauf eines Monats hatte kein einziges Mitglied Unzufriedenheit über meine stilistischen Fähigkeiten geäußert. Im Gegenteil, der Geschäftsinhaber teilte mir mit, daß ich außerordentlich beliebt sei. Nach drei Monaten schien sich die Ausdrucksfähigkeit meiner Mitglieder aufgrund meiner Anleitung sogar verbessert zu haben. Es war sonderbar. Die Frauen schienen mir als Lehrer tiefes Vertrauen entgegenzubringen. Infolgedessen gelang es mir, meine Briefkommentare von nun an viel unbeschwerter und lockerer zu formulieren.

Wenn ich jetzt darüber nachdenke, weiß ich, daß diese Frauen (beziehungsweise Männer) alle sehr einsam waren. Sie wollten nur sich jemandem in einem Brief mitteilen. Doch es fehlten ihnen – eine Tatsache, die mir damals unglaublich erschien – Freunde oder Bekannte, an die sie diese Briefe richten konnten. Sie waren nicht der Typ, der Briefe an Diskjockeys vom Radio schickte. Sie suchten eine persönlichere Form. Auch wenn diese die Gestalt von Korrekturen und Kommentaren annahm.

So verbrachte ich also einen Teil meiner frühen Zwanziger wie ein Seehund auf dem Trockenen in einem Harem lauer Briefe.

Unter den Briefen, die mir die Mitglieder schickten, gab es alle möglichen Sorten. Es gab langweilige Briefe, lustige Briefe und traurige Briefe. Dies ist jetzt alles schon lange her, und ich habe die Briefe auch leider nicht vor mir liegen (denn eine Bestimmung besagte, daß alle Briefe an die Firma zurückgegeben werden mußten). Ich erinnere mich daher nicht mehr genau an ihre Inhalte, aber ich weiß noch, daß in diesen Briefen wirklich die verschiedensten Vorgänge des menschlichen Lebens – vom großen Ereignis bis zum kleinsten Kleinkram – ausgebreitet, zusammengedrängt und preisgegeben wurden. Für mich ein- oder zweiundzwanzigjährigen Studenten besaßen die Botschaften, die diese Frauen übermittelten, eine seltsame Unwirklichkeit. In den meisten Fällen schienen sie mir jeder Realität zu entbehren, und manchmal hatte ich das Gefühl, als seien sie ganz und gar bedeutungslos. Das lag jedoch nicht nur daran, daß es mir an Lebenserfahrung fehlte. Erst heute ist mir klar, daß in den meisten Fällen die Realität der Dinge nicht vermittelt wird. Die Realität muß hergestellt werden. Dadurch entsteht dann eine Bedeutung. Aber damals wußte ich das natürlich noch nicht, und auch die Frauen wußten es nicht. Und das ist wahrscheinlich auch der Grund dafür, daß mir alles, was in diesen Briefen beschrieben wurde, sonderbar einförmig vorkam.

Als ich den Job kündigte, bedauerten das alle von mir betreuten Mitglieder. Auch mir tat es in gewissem Sinne leid – obwohl ich, ehrlich gesagt, schon leichte Aversionen gegen dieses andauernde Briefeschreiben entwickelt hatte. Ich ahnte, daß ich nicht noch einmal Gelegenheit hätte, daß sich so viele Menschen mir gegenüber so offen aussprechen würden.

Was das Hamburger Steak anbelangt, ergab es sich, daß ich tatsächlich ein von ihr (meiner ersten Briefschreiberin) zubereitetes Hamburger Steak serviert bekam.

Sie war zweiunddreißig und hatte keine Kinder. Ihr Mann war in der fünftgrößten Handelsfirma des Landes angestellt. Als ich ihr in meinem letzten Brief schrieb, daß ich leider zum Ende des Monats aufhören würde, lud sie mich zum Mittagessen ein. »Ich bereite Ihnen ein ganz normales Hamburger Steak«, schrieb sie. Und obwohl dies gegen die Verordnung der Firma war, beschloß ich, hinzugehen. Nichts stand der Neugier eines zweiundzwanzigjährigen jungen Mannes entgegen.

Ihre Wohnung lag direkt an den Gleisen der Odakyû-Linie. Die Zimmer waren einfach und sauber, wie es sich für ein kinderloses Ehepaar geziemte. Die Möbel, die Lampen und auch ihr Pullover machten keinen besonders teuren Eindruck, aber alles war sehr geschmackvoll. Unsere Begegnung begann mit einer gegenseitigen Überraschung: Ich war überrascht, daß sie viel jünger wirkte, als ich sie mir vorgestellt hatte, sie, daß ich viel jünger war, als sie vermutet hatte. Sie hatte geglaubt, ich sei älter als sie. Die Pen Society gibt das Alter ihrer Pen Master nicht bekannt.

Doch nachdem sich unsere jeweilige Überraschung gelegt hatte, löste sich auch die Spannung, die man bei einem ersten Treffen empfindet. Einträchtig wie zwei Fahrgäste, die denselben Zug verpaßt hatten, aßen wir unsere Hamburger Steaks und tranken Kaffee. Bei Zug fällt mir übrigens ein, daß man vom Fenster ihrer Wohnung im dritten Stock aus die Bahngleise sehen konnte. Es war wunderschönes Wetter an diesem Tag, und überall auf den Balkons der umliegenden Wohnungen hingen Futons und Laken zum Lüften in der Sonne. Von Zeit zu Zeit hörte man, wie ein Futon ausgeklopft wurde. Ich kann mich auch jetzt noch an dieses Geräusch erinnern. Seltsamerweise wußte man nicht, ob es von nahem oder von weitem kam.

Ihr Hamburger Steak schmeckte vorzüglich. Es war genau richtig gewürzt und war außen kroß und innen noch ganz saftig. Auch die Sauce war perfekt. Und obwohl ich vielleicht nicht behaupten kann, noch nie in meinem Leben ein so vorzügliches Hamburger Steak gegessen zu haben, war es doch das beste seit langem. Sie freute sich, als ich ihr das sagte.

Nach dem Kaffee erzählten wir uns, während eine Platte von Burt Bacharach lief, unsere Lebensgeschichte. Das heißt, da ich noch keine richtige Lebensgeschichte hatte, redete sie fast die ganze Zeit. Als Studentin wollte sie Schriftstellerin werden, sagte sie. Sie bewunderte Françoise Sagan und erzählte mir von ihr. Besonders gefiel ihr *Aimez-vous Brahms¿* Ich hatte nichts gegen Sagan. Auf jeden Fall fand ich sie nicht so vulgär, wie behauptet wurde. Es müssen ja nicht alle so schreiben wie Henry Miller oder Jean Genet.

»Aber ich kann nicht schreiben«, sagte sie.

»Es ist nie zu spät, damit anzufangen«, sagte ich.

»Nein, da bin ich mir sicher. Sie waren derjenige, der mir das gezeigt hat«, sagte sie lachend. »Ich begriff es, als ich Ihnen Briefe schrieb. Ich besitze kein Talent.«

Ich wurde rot. Mittlerweile passiert mir das zwar nicht mehr oft, aber mit zweiundzwanzig errötete ich noch ständig. »In dem, was Sie schrieben, lag eine große Aufrichtigkeit«, sagte ich.

Sie antwortete nicht und lächelte nur ein wenig. Ein leises Lächeln.

»Zumindest habe ich beim Lesen Ihres Briefes Lust auf Hamburger Steak bekommen.«

»Sie müssen sehr hungrig gewesen sein«, sagte sie freundlich.

Nun, vielleicht stimmte das.

Mit dumpfem Rattern fuhr unter dem Fenster ein Zug vorbei.

Als die Uhr fünf schlug, sagte ich, daß ich langsam gehen müsse. »Sie wollen sicher noch das Abendessen vorbereiten, bevor Ihr Mann nach Hause kommt.«

»Mein Mann kommt sehr spät«, sagte sie, den Kopf auf die Hände gestützt. »Er kommt nicht vor Mitternacht heim.«

»Ihr Mann ist sehr beschäftigt.«

»Ja, wahrscheinlich«, sagte sie und machte eine kleine Pause.

»Ich glaube, ich habe Ihnen einmal in einem Brief davon geschrieben. Ich kann mit meinem Mann über viele Dinge nicht wirklich reden. Ich kann ihm meine Gefühle nicht vermitteln. Wenn ich mit ihm spreche, habe ich oft den Eindruck, als sprächen wir unterschiedliche Sprachen.«

Ich wußte nicht, was ich ihr antworten sollte. Mir war unverständlich, wie man mit jemandem zusammenleben konnte, dem man seine Gefühle nicht mitzuteilen vermochte.

»Aber das ist schon in Ordnung«, sagte sie leise. So wie sie es sagte, schien es wirklich in Ordnung zu sein. »Vielen Dank, daß Sie mir über so eine lange Zeit Briefe geschrieben haben. Es war mir eine große Freude. Ihnen schreiben zu dürfen, hat mir wirklich sehr geholfen«, sagte sie.

»Mir haben Ihre Briefe auch Freude gemacht«, sagte ich. Aber ehrlich gesagt, konnte ich mich kaum noch an den Inhalt und den Stil ihrer Briefe erinnern.

Eine Weile blickte sie schweigend auf die Uhr an der Wand. Als würde sie den Fluß der Zeit verfolgen.

»Was haben Sie vor, wenn Sie mit dem Studium fertig sind?« fragte sie.

Ich antwortete, daß ich mich noch nicht entschieden hätte. Und daß ich selbst nicht richtig wüßte, was ich machen sollte. Als ich das sagte, lächelte sie wieder. »Ich glaube, für Sie wäre eine Arbeit gut, die etwas mit Schreiben zu tun hat. Die Kommentare in Ihren Briefen waren großartig. Ich habe mich immer sehr darauf gefreut. Das ist mein Ernst. Kein Kompliment. Vielleicht haben Sie ja nur Ihre Pflicht erfüllt. Trotzdem haben Ihre Briefe immer irgendwie ein Gefühl vermittelt. Ich habe sie alle sorgfältig aufgehoben, und manchmal hole ich sie hervor und lese sie noch einmal.«

»Vielen Dank«, sagte ich. »Und auch vielen Dank für das Hamburger Steak.«

Auch jetzt noch, zehn Jahre später, denke ich, wenn ich in der Odakyû-Linie sitze und bei ihrer Wohnung vorbeifahre, an ihr krosses Hamburger Steak. Ich betrachte die Gebäude, die sich an den Schienen entlangreihen, und frage mich, welches wohl ihr Fenster ist. Ich versuche mich an den Blick aus ihrem Fenster zu erinnern, und überlege, wo das gewesen sein könnte. Aber ich kann mich nicht erinnern.

Vielleicht wohnt sie gar nicht mehr dort. Doch falls sie noch da wohnt, hört sie wahrscheinlich noch immer allein die gleiche Platte von Burt Bacharach.

Hätte ich mit ihr schlafen sollen?

Das ist die Frage dieser Geschichte.

Aber ich weiß keine Antwort. Auch jetzt weiß ich es nicht zu sagen. So viele Jahre sind vergangen, ich habe so viele Erfahrungen gesammelt, und immer noch gibt es vieles, wovon ich nichts weiß. Mir bleibt also nur, aus dem Zug zu dem Fenster hochzublicken, das vielleicht ihres ist.

Manchmal habe ich das Gefühl, jedes Fenster könnte ihr Fenster sein. Manchmal hingegen scheint es keins davon zu sein. Es gibt dort einfach zu viele Fenster.

Doris Dörrie
»Ein Mann!«

Seit in einer Zeitschrift stand, daß die Chancen, von einer Atombombe getroffen zu werden, größer sind, als als Frau über dreißig in New York einen Mann zu finden, sehe ich Panik in den Gesichtern meiner amerikanischen Freundinnen. Die Wahrscheinlichkeit, heutzutage von einer Atombombe getroffen zu werden, ist doch ziemlich hoch, versuche ich sie zu beruhigen, dann kann es mit den Männern auch nicht so schlimm sein. Ja, in Europa vielleicht, erwidern sie, aber doch nicht hier in Amerika. Da ich dreiunddreißig bin, seit fünf Jahren in New York lebe und nicht vorhabe, wegen der größeren Bombenbedrohung und der damit anscheinend statistisch besseren Chancen, sich einen Mann zu angeln, nach Deutschland zurückzukehren, fange auch ich an, mir ernsthaft Gedanken zu machen. Vor drei Jahren habe ich mich von Johannes getrennt. Ihm fehlte in Amerika zunehmend deutsches Bier und Labskaus – er nannte es »Kultur« –, und er ging zurück nach Hamburg. Seit diesem blöden Artikel denke ich oft an ihn. Er hat in Deutschland als Modefotograf Karriere gemacht. Nach unserer Trennung bin ich manchmal ins »Bremenhaus« in der 86. Straße gegangen und habe die Modefotos in den deutschen Frauenzeitschriften durchgeblättert, glühend vor Eifersucht habe ich in den Blicken der Mannequins ihre Flirts mit ihrem Fotografen, mit Johannes, entdeckt. Heute finde ich seinen winzig kleingedruckten Namen unter der neuen Badekollektion in der »Brigitte«. Die Mannequins sehen eher gelangweilt aus. Nein, es war doch kein Fehler, daß ich ihn habe gehen lassen. Aber damals, vor drei Jahren, wußte ich noch nichts über den Zusammenhang von Atombomben, Männern und Frauen über dreißig.

Bei der Käseverkäuferin im »Bremenhaus« kaufe ich wie früher ein Stück Tilsiter, weil ich sie so gerne Englisch mit sächsischem Akzent sprechen höre. Über der Theke steht *quark today.*

Der Tilsiter stinkt in meiner Handtasche vor sich hin, ich sitze in der »Kleinen Konditorei«, stochere in einem Stück Schwarzwälder Kirschtorte und frage mich, ob ich a) wirklich geglaubt habe, ausgerechnet hier auf einen passenden Mann zu treffen und ob ich b) wirklich einen Mann will. Je länger ich den alten Damen mit blaugefärbten Haaren um mich herum zusehe, wie sie energisch ihre Linzer Torte und Sahnestückchen in sich hineinschaufeln und sich übers Wetter und die Gesundheit beschweren, um so mehr beneide ich sie. Sie haben ihre Männer überlebt, ich aber werde nie mehr einen finden.

Eigentlich hat mir seit Johannes ein Mann nicht wirklich gefehlt.

Manchmal, wenn ich das Gefühl hatte, ein bißchen Sex würde mir guttun, meiner Kreativität und meiner Haut, hatte ich kurze Affären, aber seit man sich das nicht mehr leisten kann, habe ich entdeckt, daß ein Kaufrausch in der Chanel-Boutique letzten Endes denselben Effekt hat. Dann zeichne ich gleich viel besser, deshalb fühle ich mich besser, und meine Haut sieht auch viel glatter aus. Es lebe Chanel.

Die Schwarzwälder Kirschtorte bereue ich bereits. Mir ist übel, ich fühle mich ungesund, triebhaft, unamerikanisch. Vor Monaten habe ich aufgehört, rohes Fleisch zu essen und Kaffee zu trinken, das Rauchen habe ich schon vor Jahren aufgegeben, ich beobachte sorgfältig meinen Cholesterinspiegel, sehe zu, daß ich nicht zuviel Sodium zu mir nehme, ich trinke keinen Alkohol, trainiere meinen Körper, bemühe mich, wie ein echter Amerikaner daran zu glauben, daß man es schaffen kann, wenn man es nur wirklich will. Seit drei Jahren gehe ich einmal in der Woche zu einer Psychotherapeutin, die mich darin bestärkt und mich für einhundertzwanzig Dollar in der Stunde eindringlich vor einer Beziehungsfalle warnt. So habe ich Karriere gemacht. In New York. Und eine Eigentumswohnung im Village habe ich auch schon. Warum also will ich plötzlich einen Mann?

Meine Therapeutin kann ich das nach drei Jahren nicht fragen. Das sind Anfängerprobleme. Ihre ganze Mühe wäre umsonst gewesen.

Wie findet man überhaupt einen Mann? Seit der Veröffentlichung dieser grausamen Statistik sind die Frauenzeitschriften gespickt mit Tips und Ratschlägen. Unter der Rubrik »Nie mehr einsam: Wie aufgeweckte Cosmo-Mädchen einen Mann kennenlernen« berichten Leserinnen, wie sie es geschafft haben. (Was ist ein Cosmo-Mädchen? Bin ich eins? Ich nehme es einfach mal an.)

Penelope, Stewardeß, 28 Jahre alt, schreibt: »Männer sprechen einen oft an, wenn man ein seltsames Objekt mit sich herumschleppt. Natürlich sollten Sie sich etwas aussuchen, was Sie auch wirklich interessiert, sonst könnte die Begegnung nach wenigen Sekunden beendet sein. Ich habe gute Erfahrungen mit einem großen eisernen Kreuz gemacht.« Interessant. Penelopes Ratschlag hat nur einen entscheidenden Schönheitsfehler. Sie ist erst 28 und hätte ihr eisernes Kreuz laut Statistik überhaupt nicht nötig gehabt. Barbara, Fernsehproduzentin, 36 Jahre alt, vertraue ich da schon eher: »Schauen Sie sich genau an Ihrem Arbeitsplatz um. Der Trick ist, sich jemanden auszusuchen, der nicht schon von allen anderen Frauen angemacht wird. Natürlich sollten Sie ihn auch mögen.«

Tja, Barbara, in meiner Redaktion gibt es nur den Chef, den alle anmachen, und einen winzigkleinen, buckligen Layouter mit dicker Brille. Ich mag ihn, keine Frage, aber ich bin drei Jahre jünger als Sie, liebe Barbara, und habe das (noch) nicht nötig.

Judy dagegen, Steuerberaterin, ist genau in meinem Alter, 33. Sie schreibt: »Ich habe Männer häufig in Kaufhäusern kennengelernt. Einige Abteilungen sind besonders zu empfehlen: Lederwaren, Schreibwaren und Elektroartikel. Kommen Sie nicht auf die Idee, sich in der Herrenkonfektion auf die Lauer zu legen. Jeder Mann wird annehmen, Sie suchen ein Hemd für Ihren Freund. Dasselbe gilt für Damenunterwäsche. Haushaltswaren sind gut, Männer sind da so hilflos.« Es macht mich etwas skeptisch, daß sie schreibt, sie habe »häufig« Männer auf diese Art und Weise kennengelernt, wie groß war da der Ausschuß, aber ihr Rat scheint mir einen Versuch wert.

Vier Tage lang war ich jetzt jeden Tag nach der Arbeit bei Macy's, aber in all den von Judy so warm empfohlenen Abteilungen habe ich keinen einzigen Mann entdecken können, nur Frauen. Ich habe den Verdacht, sie sind alle aus demselben Grund hier wie ich. Wir umschleichen uns wie Katzen, beobachten uns, wie wir Brieftaschen und Koffer befühlen, Mixer und Toaster ausprobieren, uns stundenlang Schreibmaschinen vorführen lassen, fast nie etwas kaufen, und wenn, dann nur zur Tarnung. Unruhig flattern unsere Blicke über die Regale, wir mustern uns feindselig und versuchen gegenseitig unser Alter zu schätzen. Wie weit über dreißig?

Aber heute bei Bloomingdale's, vielleicht stand mein Horoskop günstig, war ich plötzlich ganz allein in der Lederwarenabteilung, und ein Mann um die Vierzig tauchte hinter einem Schweinslederkoffer auf wie ein Deus ex machina. Ein Mann mit dichtem, hellbraunem Haar, gutaussehend, vielleicht eine Spur zu seriös für meinen Geschmack, aber ich kann mir solche Mäkeleien ja nicht mehr leisten in meinem Alter. Er stand also vor den Koffern, ließ sie auf- und zuschnappen, ich robbte mich langsam und so unauffällig wie möglich über die Portemonnaies und die Damenhandtaschen näher, bis ich fast direkt neben ihm stand, da hörte ich ihn zum Verkäufer sagen, er suche einen möglichst eleganten Flugkoffer, er sei geschäftlich sehr viel unterwegs und müsse meist direkt vom Flughafen in eine Sitzung. Mir sank augenblicklich das Herz. Was nützt mir ein Mann, in dessen Jackentaschen ich unweigerlich irgendwann die Telefonnummer von Monique aus Paris oder Gabi aus Stuttgart finde?

Ich habe mir statt dessen die neue Folge von »Wie aufgeweckte Cosmo-Mädchen einen Mann kennenlernen« gekauft. Heute schreibt Susanne, Zahnarzthelferin, 35: »Mein Ex-Mann mochte keine Hunde, also haben wir uns ein Kaninchen angeschafft. Als wir uns scheiden ließen, bekam ich das Sorgerecht für das Kaninchen. Ich nehme es jetzt immer mit, wenn ich mit dem Zug nach Connecticut fahre. Jede Menge interessante Männer haben sich schon neben mich gesetzt, um das Kaninchen zu streicheln.«

Ich sehne mich plötzlich heftig nach einem kleinen, schwarzen Kaninchen mit weißen Ohren, aber meine Eltern wohnen in Wuppertal und nicht in Connecticut. Wohin sollte ich denn fahren mit meinem Kaninchen? Ich sehe mich schon einsam und verlassen in New Haven nachts am

Bahnhof stehen, der letzte Zug nach New York ist bereits abgefahren, und weit und breit kein interessanter Mann in Sicht, der mein Kaninchen streicheln will.

Neuerdings habe ich Tagträume. Ich sehe einen Mann in meiner Küche sein Frühstücksei köpfen, ein anderer sitzt mit einem Martiniglas in der Hand auf meiner Couch, einer steht unter der Dusche, einen finde ich in meinem Bett. Er sieht mich erwartungsvoll an und lächelt.

Meine Therapeutin hat ein nervöses Gesichtszucken an mir bemerkt. Sie meint, ich stecke voller negativer Energie. Seit drei Jahren komme ich jeden Mittwoch um elf in dieses Zimmer, und immer riecht es leicht nach After-shave, die Couch ist noch warm von meinem Vorgänger, manchmal, wenn ich etwas zu früh dran bin und im Vorzimmer warte, höre ich seine sonore Stimme. Aber gesehen habe ich ihn noch nie. Diskret, wie meine Therapeutin ist, entläßt sie die Patienten durch eine andere Tür, bevor der nächste hereinkommt. Heute fiel mir seine Stimme als besonders sympathisch auf.

»Sport«, sagt meine Therapeutin. »Sport?« frage ich schwach. Seit zwei Jahren gehe ich jeden zweiten Tag ins Sportstudio. Sie verordnet mir Urlaub.

Ich nehme vier Wochen frei. Ohne meinen Arbeitsrhythmus fällt mir die Abwesenheit eines Mannes um so schmerzlicher auf. Ich telefoniere mit sämtlichen Freundinnen. Zögernd geben sie alle zu, seit dem Artikel auf der Pirsch zu sein. »Weißt du«, sagt Margie, 36, »seit ich diese verdammte Statistik gelesen habe, sehe ich im Spiegel nur noch eine Frau mit Cellulitis und Bandscheibenschaden, ohne Mann, ohne Doppelbett und ohne Rente.« Ich werfe ihr ihren Materialismus vor, und sie nennt mich eine unverbesserliche, europäische Romantikerin. Sie will sich einen Mann als Untermieter für ihre winzige Zweizimmerwohnung suchen. »Auf eine Anzeige melden sich im Schnitt vierhundert Interessenten«, sagt Margie, »und wer in Manhattan mal ein Zimmer gefunden hat, zieht nie wieder aus.«

»Außer er heiratet eine andere«, wende ich ein. Sie legt beleidigt auf.

Ich habe leider nur ein Einzimmerappartment. Aber wenn ich durch das Wohnzimmer eine Wand ziehen würde ... Unter vierhundert Bewerbern müßte doch ein passender dabei sein.

Im Fernsehen läuft, wie immer, wenn es mir schlechtgeht, »The Way We Were.« Ach, Barbra Streisand, diesen Luxus, dich wegen politischer Meinungsverschiedenheiten von Robert Redford zu trennen, würdest du dir heutzutage nicht mehr leisten können.

Im College gab es viele, die so aussahen wie Redford. Gutaussehend, robust, mit fabelhaften Zähnen und einem unerschütterlichen Optimismus. Wo sind die alle geblieben? In New York sind sie jedenfalls nicht. Ich wette, die sind bereits alle verheiratet, und ihre Frauen haben ihnen nach der Lektüre der Atombomben-Männer-Statistik erleichtert die Hemden gebügelt und ihnen jauchzend ein Bier gebracht. Warum mußte ich mich damals im College auch ausgerechnet in den einzigen Deutschen verlieben? Johannes trug die besseren Unterhosen, knappe Slips, nicht diese gräßlichen Boxershorts; er rauchte und redete über Kunst, er war anders als die Amerikaner, er war so wie ich, damals.

Die große Liebe erwarte ich ja gar nicht. Ich möchte nur einem Mann morgens beim Rasieren zusehen, mit ihm Baseball im Fernsehen sehen und so tun, als interessiere es mich, ich möchte mein Doppelbett nicht mehr nur auf Verdacht auf beiden Seiten beziehen, im Kühlschrank möchte ich Budweiser und im Badezimmer After-shave finden, am Strand mit ihm auf einem Handtuch liegen und von ihm hören, daß ich eine bessere Figur habe als die anderen. Ist das denn zuviel verlangt? Die Streisand verteilt immer noch ihre Flugblätter, als sie Jahre später ihren Bobby wiedersieht, und sie lieben sich immer noch und können dennoch nie, nie zusammenfinden, und ich weine, wie ich immer am Ende dieses Films weine. Verdammt noch mal, ich möchte auch mal wieder so richtig aus Liebe leiden.

In der »Village Voice« liegt eine Beilage des Sommerkursprogramms, in dem »Kreative Hypnose« angeboten wird, »Geheimnis des Charismas«, »Die Kraft der Kristalle«, »Lassen Sie Wunder geschehen durch die Kraft der Liebe«, und »Wie baue ich ein Glückwunschkartengeschäft auf«.

Man kann an Sightseeing-Tours teilnehmen zu den Heimen berühmter Filmstars oder zu den Schauplätzen berühmter Morde, auch als Doppelpaket zum ermäßigten Preis zu haben. Ich erwäge kurz, mich dafür einzuschreiben, aber dort trifft man wahrscheinlich nur Touristen, die, kaum weiß man ihre Telefonnummer auswendig, wieder nach Hause fahren. Es gibt natürlich auch maßgeschneiderte Kurse für mein Problem: »52 Wege, einen Liebhaber zu finden«, »Der kreative Flirt« und für Fortgeschrittene »Die kreative Beziehung.« Aber irgendwie widerstrebt es mir – noch –, dafür einen Kurs zu belegen und mit ähnlich Erfolglosen im Rollenspiel den kreativen Flirt zu üben. Als wäre ich selbst dazu zu blöd. Meine Mutter hat immer, wenn sie ein besonders seltsames Paar sah, gesagt: »Es ist doch kein Topf so schief, daß nicht ein Deckel draufpaßt.« Ich frage mich, ob ich der Topf oder der Deckel bin.

Meine Freundin Julie ruft an und berichtet aufgeregt, sie gehe jetzt jeden Tag zu den Treffen der Anonymen Alkoholiker, da könne man jede Menge interessanter Männer kennenlernen. »Aber du hast doch nie auch nur an Alkohol gerochen«, sage ich. »Opfer muß man eben bringen«, sagt sie, »ich trinke jetzt jeden Tag eine Flasche Bier, und manchmal sogar zwei. Ich muß ja schließlich mitreden können. Und weißt du was, langsam schmeckt's mir sogar!« Sie kichert glücklich.

Ich hole die Whiskyflasche aus dem Schrank, die mir die Kollegen von der Redaktion vor einem Jahr zum Geburtstag geschenkt haben und die seither unberührt im Schrank gestanden hat. Ich trinke ihn in kleinen Schlucken wie Medizin. Ich weiß nicht, ob ich mich daran gewöhnen könnte, aber es gibt ja auch noch die anonymen Raucher. Nach zwei Jahren sehne ich mich plötzlich nach einer Zigarette.

Ich nehme mir ein Kissen und die Whiskyflasche und lehne mich aus dem Fenster. Für jeden gutaussehenden Mann, der vorbeikommt, mache ich einen Strich auf den Fensterrahmen, für jeden halbwegs attraktiven ein Kreuz. Über Fünfzig- und unter Zwanzigjährige zähle ich nicht mit. Nach drei Stunden sind 187 Männer unter meinem Fenster vorbeigegangen, davon 53 in weiblicher Begleitung, 3 wirklich gutaussehende und 7 halbwegs attraktive. Ein niederschmetternder Prozentsatz. Auf der Straße zieht ein Penner einen Pappkarton hinter sich her. »Wenn du mich noch einmal fragst, ob ich dich liebe, wenn du mich noch ein einziges Mal fragst ...«, sagt er zu seinem Pappkarton.

Ich trinke die Flasche aus. Fünf Männer sitzen auf meiner Couch und fragen mich, ob ich sie liebe.

Ich verlasse die Wohnung.

Auf der Sechsten Avenue sitzt eine Handleserin an einem Campingtisch, winkt mir zu und schreit: »Ihr Schicksal steht in Ihrer Hand!« Ich bin sicher, in meiner Hand steht: »Ätsch. Kein Mann in Sicht.«

Ich komme an dem billigen, verstaubten chinesischen Restaurant vorbei, da waren Johannes und ich am Abend, bevor er nach Deutschland zurückgeflogen ist. »Du kannst ja nachkommen«, hat er gesagt. Vielleicht hätte er sagen sollen: »Komm mit. Bitte.« Wenn man wirklich mal eine chinesische Lebensweisheit braucht, findet man in seinem Fortune-Cookie nur banalen Mist. An dem Abend war's »Große Ereignisse kündigen sich nicht groß an«.

Neben dem Chinesen hat ein neuer Laden aufgemacht, das »Magie-Center«. Im Schaufenster stehen sauber nebeneinander aufgereiht Spraydosen gegen »negative Kräfte«, »Neid und Mißgunst«, kleine Flaschen mit Aufschriften »Ich-bin-stark-Öl« und »Komm-zu-mir-Öl«. Ich betrete whiskymutig schnurstracks den Laden und erkläre den beiden in schwarzes Leder gekleideten, mit schweren Ketten und Plastiktotenschädeln behängten Magie-Verkäufern mein Problem. Sie hören mir genauso milde lächelnd und aufmunternd nickend zu wie sonst meine Psychotherapeutin. Und umsonst! Sie sind offensichtlich schwul, was meine Enthüllungen sehr viel leichter macht. Welche Frau gibt schon gern zu, daß sie zu blöd ist, einen Mann zu finden. »Sie brauchen sich gar keine Vorwürfe zu machen«, sagt der eine zu mir, der seine Haare in einer karottenroten Tonsur trägt, »haben Sie diese Statistik gelesen, wonach es sehr viel wahrscheinlicher ist, als Frau über dreißig von einer Atombombe getroffen zu werden?« Ich nicke bitter. »Schrecklich«, sagt der andere. »Aber es gibt doch genauso viele Männer wie Frauen, nicht?« frage ich. »Tja«, sagen beide unisono und sehen sich an. »Es gibt noch genug Heteros«, wendet der Rote sich wieder mir zu, »sie sind bloß schwer zu finden. Es ist ein bißchen wie bei ... bei Hunden ...« – »Pferden«, sagt der andere. »Ja, wie bei Pferden«, fährt der Rote fort und lächelt seinem Kompagnon zärtlich zu, »wenn Sie hinter ihnen herlaufen, galoppieren sie nur um so schneller davon. Sie müssen stehenbleiben und positive Schwingungen aussenden.« Und deshalb empfehlen sie mir beide dringend das »Komm-zu-mir-Paket«, bestehend aus »Komm-zu-mir-Öl«, einem Beutelchen mit Liebesduft, das immer bei sich zu tragen ist, und einer Kerze, in die ich den Namen des Begehrten einritzen soll. »Ich habe aber gar keinen bestimmten im Auge«, sage ich schüchtern. Daraufhin wiegen beide bedenklich das Haupt. Von anonymer Magie könnten sie mir in dieser Stadt nur abraten, es seien zu viele ausgeflippte Typen unterwegs, die stark auf Magie ansprächen. »Und die werden Sie dann nie wieder los.« Sie raten mir dringend, mir ein ganz bestimmtes Opfer zu suchen (bei dem Wort Opfer stößt der mit der roten Tonsur dem anderen leicht tadelnd in die Rippen), mir seinen Namen zu merken, ihm ein Haar auszureißen oder sein Jackett nach einem ausgefallenen abzusuchen und dann die Beschwörung genau nach Gebrauchsanweisung vorzunehmen.

Ich erwerbe das »Komm-zu-mir-Paket«, sie hängen mir fürsorglich das Beutelchen mit Liebesduft gleich um den Hals, weil manchmal schon allein der Duft helfen könne, und entlassen mich mit guten Wünschen und Ermahnungen zu positiver Denkungsart. Das Beutelchen stinkt penetrant nach Moschusöl.

Meine Therapeutin stellt fest, ich röche nach negativen Schwingungen. Sie habe auf einem Fortbildungskurs gelernt, psychische Störungen zu riechen, das sei eine alte chinesische Wissenschaft, und während sie mir davon erzählt, sehe ich plötzlich ein langes, graues Haar auf ihrer Couch. Vorsichtig hebe ich es auf und legte es in mein Portemonnaie.

»Und versuchen Sie auf keinen Fall, Ihr Stimmungstief durch eine Beziehung zu beheben«, schärft sie mir zum Abschied ein. Als sie sich abwendet, um die Tür zu öffnen, werfe ich einen schnellen Blick in ihren Terminkalender auf dem Schreibtisch. *»10 Uhr L. Monteleone«* steht da vor meinem Namen um 11 Uhr. L. Monteleone, die sonore Stimme. Ein grauhaariger, gutaussehender Italiener, so Anfang Vierzig, ein Künstler vielleicht, der unter der Welt leidet, stelle ich mir vor und sehe sofort in meinem Portemonnaie nach – das Haar ist noch da –, oder ein fetter Mafioso im Kamelhaarmantel, der sich behandeln läßt, weil ihn sein Gewissen quält?

Ist das lange, graue Haar wirklich von ihm, oder ist es vielleicht ein Hundehaar? Auf dem Weg nach Hause kaufe ich eine Lupe. Es sieht zum Glück sehr nach Menschenhaar aus und leidet unter Spliss. Monteleone, was für ein schöner Name. L. für Lodovico? Luigi? Lino?

Die sechs Tage bis zu meiner nächsten Therapiestunde kommen mir vor wie sechs Jahre.

Am nächsten Mittwoch stehe ich um sechs Uhr früh auf, wasche mir die Haare, schminke mich sorgfältig und ziehe mein bestes Kleid an. Vor Aufregung trinke ich in einer Kneipe einen Wodka, bevor ich um 10.30 Uhr das Vorzimmer meiner Therapeutin betrete.

Ich lausche seiner entfernten Stimme, sie ist nicht nur sonor und sympathisch, sondern auch ausgesprochen sexy. Leider kann ich nicht verstehen, was er sagt, einmal nur glaube ich, ein »Warum? Warum?« herauszuhören. Wie gut ich ihn verstehen kann, Herrn L. Monteleone. Warum geht die Vorzimmerdame ausgerechnet heute nicht wie sonst aufs Klo, um ihre Zigarette zu rauchen? Ich zittere vor Angst, daß sie innerhalb einer Woche das Rauchen aufgegeben hat, da holt sie endlich ihre Zigaretten aus der Schublade, zwinkert mir verschwörerisch zu und verschwindet. Kaum ist sie draußen, springe ich auf und reiße die Tür zum Behandlungszimmer auf. Er liegt nicht auf der Couch, sondern sitzt, wie ich, das macht ihn mir sofort sympathisch, *graue* Haare fallen ihm fast bis auf die Schultern. Überrascht drehen sich meine Therapeutin und er nach mir um. Er sieht markant aus, vielleicht nicht gerade schön, aber markant ist doch viel interessanter als schön, ich schätze ihn auf Anfang Vierzig, das beste Alter für einen Mann, sehr groß ist er nicht, aber bestimmt auch nicht kleiner als ich. »Ich muß schon sagen!« faucht meine Therapeutin, und ich stammle »Entschuldigung. Ich dachte, es ist schon elf Uhr« und schließe schweißnaß vor Aufregung die Tür. Der Vorzimmerdame kritzle ich eine Nachricht, mir sei plötzlich schlecht, ich könne meine Stunde heute unmöglich wahrnehmen.

Zu Hause ziehe ich die Vorhänge zu. Sorgfältig schnitze ich *L. Monteleone* ins Wachs, sein Name ist so lang, daß er kaum auf die Kerze paßt. Genau nach Gebrauchsanweisung reibe ich sie mit dem »Komm-zu-mir-Öl« ein, zünde die Kerze an und halte mit klopfendem Herzen sein Haar in die Flamme.

Es verzischt schneller, als ich gucken kann. Aber die Kerze brennt vier Stunden und zwanzig Minuten lang, und so lange, haben mir meine magischen Berater eingeschärft, muß ich mich auf mein Opfer konzentrieren. Als die Flamme endlich zuckend erlischt, schlafe ich vor Erschöpfung ein.

Vom Telefonklingeln wache ich Stunden später erst auf. Im Traum war ich in Wuppertal. Meine Mutter häkelte einen Klopapierüberzug fürs Auto aus rosa Wolle und murmelte unablässig vor sich hin: »Es ist kein Topf so schief, daß kein Deckel draufpaßt.« Mein Anrufbeantworter, den ich eingeschaltet habe, um bei meiner Zeremonie nicht gestört zu werden, meldet sich und erzählt, daß ich im Moment leider nicht zu Hause bin, es piepst, und ich höre ein Atmen, und dann sagt eine sonore, sympathische Männerstimme: »Hier ist Leonardo Monteleone, schade, daß Sie nicht zu Hause sind ...«

Ich springe aus dem Bett, verheddere mich im Bettlaken, kann das Telefon nicht finden. Leonardo Monteleone, was für ein Name! »Schade«, sagt die Stimme, »na ja, dann ...«

Ich wühle mich quer durch das Zimmer an der Schnur zum Telefon, »warten Sie, warten Sie«, sage ich atemlos, »ich bin gerade nach Hause gekommen.« – »Mein Name ist Leonardo Monteleone«, wiederholt er in fast akzentfreiem Englisch förmlich. »Sie haben heute morgen in der Praxis Ihren Schal vergessen, so einen grün gemusterten ...«

Ich trage nie grüngemusterte Schals. »O ja«, sage ich, »das muß meiner sein.« Aus dem Liebesbeutel unter meinem Kinn strömt Moschusduft.

»Ich könnte Ihnen den Schal vorbeibringen.«

»Das ist schrecklich nett von Ihnen ...« stottere ich.

»Oh«, unterbricht er mich, »das war nicht aufdringlich gemeint. Ich hatte nur vergessen, daß es Frauen in dieser Stadt nicht gerne haben, wenn wildfremde Männer ihre Adresse kennen ...«

»Sie sind nicht von hier?« frage ich.

»Nein, ich komme aus Deutschland.«

»Ach, wirklich?« sage ich nonchalant, »woher denn in Deutschland?«

»Wuppertal, ich weiß nicht, ob Ihnen das was sagt.«

Ich nehme den Liebesbeutel vom Hals und lege ihn unter mein Kopfkissen.

»Ich wohne in der Leroy Street 15«, sage ich langsam auf deutsch, »kommen Sie schnell.«

»Na, denn tschö«, sagt er, »und bis gleich.«

Haruki Murakami
Wie ich eines schönen Morgens im April das 100%ige Mädchen sah

Eines schönen Morgens im April komme ich auf einer kleinen Seitenstraße in Harajuku an dem 100%igen Mädchen vorbei.

Ehrlich gesagt, ist sie nicht besonders hübsch. Sie ist weder besonders auffällig, noch ist sie schick gekleidet. Ihre Haare sind hinten vom Schlaf verlegen. Sie ist nicht mehr jung. So an die dreißig wird sie sein, nicht eigentlich ein Mädchen. Aber trotzdem weiß ich schon aus fünfzig Meter Entfernung: Sie ist für mich das 100%ige Mädchen. Bei ihrem Anblick dröhnt es in meiner Brust, und mein Mund ist trocken wie eine Wüste.

Vielleicht gibt es einen bestimmten Typ Mädchen, der dir gefällt, mit schmalen Fesseln zum Beispiel oder großen Augen, vielleicht stehst du auf schöne Finger oder fühlst dich, warum auch immer, von Mädchen angezogen, die sich beim Essen viel Zeit lassen. Dieses Gefühl meine ich. Auch ich habe natürlich meine Vorlieben. Manchmal ertappe ich mich dabei, wie ich im Restaurant gebannt auf die Nase des Mädchens am Nachbartisch starre.

Aber den Typ des 100%igen Mädchens kann keiner definieren. An die Form ihrer Nase kann ich mich gar nicht erinnern. Ich weiß noch nicht einmal mehr, ob sie überhaupt eine hatte. Ich weiß nur, daß sie keine nennenswerte Schönheit war. Irgendwie seltsam.

»Gestern kam ich an dem 100%igen Mädchen vorbei«, erzähle ich jemandem.

»Hm«, antwortet er, »war sie hübsch?«

»Nein, das nicht.«

»Also dein Typ.«

»Ich weiß es nicht mehr. Ich erinnere mich an nichts. Weder an die Form ihrer Augen noch daran, ob sie große oder kleine Brüste hatte.«

»Das ist sonderbar.«

»Ja, es ist sonderbar.«

»Na und«, sagt er scheinbar gelangweilt, »hast du was gemacht? Hast du sie angesprochen, oder bist du ihr nachgelaufen?«

»Nein, nichts. Ich bin einfach an ihr vorbeigegangen.«

Sie ging von Osten nach Westen, ich von Westen nach Osten. An einem besonders schönen Morgen im April.

Ich möchte mit ihr sprechen, und wenn nur für eine halbe Stunde. Ich möchte von ihrem Leben erfahren und ihr von meinem erzählen. Mehr als alles andere aber möchte ich die Umstände des Schicksals klären, das uns an einem schönen Morgen im April neunzehnhunderteinundachtzig in einer kleinen Seitenstraße in Harajuku aneinander vorbeigeführt hat. Bestimmt birgt es wohlige Geheimnisse, so wie eine alte Maschine aus friedlichen Zeiten.

Nachdem wir uns unterhalten hätten, würden wir irgendwo zu Mittag essen, einen Woody-Allen-Film sehen oder an einer Hotelbar einen Cocktail trinken. Wenn alles gutginge, würde ich später vielleicht mit ihr schlafen.

Die Chance pocht an die Tür meines Herzens.

Nur noch 15 Meter liegen zwischen ihr und mir.

Also, wie soll ich sie ansprechen?

»Guten Tag. Würdest du dich kurz mit mir unterhalten?

Nur eine halbe Stunde.«

Das klingt ziemlich albern. Wie ein Versicherungsvertreter.

»Entschuldigung, gibt es hier in der Nähe eine 24-Stunden-Reinigung?«

Das ist genauso albern. Ich habe noch nicht einmal einen Wäschesack. Wer würde mir so etwas abnehmen?

Vielleicht sollte ich sie ganz offen ansprechen. »Hallo. Du bist für mich das 100%ige Mädchen.«

Nein, Quatsch. Das wird sie bestimmt nicht glauben. Und wenn, wird sie sich kaum mit mir unterhalten wollen. Ich mag für dich das 100%ige Mädchen sein, wird sie vielleicht antworten, aber du bist für mich leider nicht der 100%ige Mann. Das ist ziemlich wahrscheinlich. Und in einer solchen Situation käme ich bestimmt furchtbar durcheinander. Von einem solchen Schock würde ich mich vielleicht nie wieder erholen. Ich bin schon zweiunddreißig. So also fühlt es sich an, alt zu werden.

Vor dem Blumenladen gehe ich an ihr vorbei. Ein warmer Luftzug streift meine Haut. Der Asphalt ist mit Wasser besprengt, und ringsum verbreitet sich Rosenduft. Ich kann sie nicht ansprechen. Sie trägt einen weißen Pullover und hält einen weißen Umschlag in der rechten Hand, noch ohne Briefmarken. Sie hat jemandem einen Brief geschrieben. Ihre Augen wirken sehr müde, vielleicht hat sie die ganze Nacht geschrieben. Und vielleicht enthält dieser Umschlag alle ihre Geheimnisse. Als ich mich nach einigen Schritten umdrehe, ist ihre Gestalt bereits in der Menschenmenge verschwunden.

Jetzt weiß ich natürlich genau, wie ich sie damals hätte ansprechen müssen. Es wäre bestimmt lang geworden, und ich hätte nicht die richtigen Worte gefunden. Mir fällt nie etwas Brauchbares ein.

Jedenfalls beginnt es mit »vor langer langer Zeit« und endet mit »eine traurige Geschichte, findest du nicht?«.

Vor langer langer Zeit waren einmal ein Junge und ein Mädchen. Der Junge war achtzehn, das Mädchen sechzehn Jahre alt. Der Junge sieht nicht besonders gut aus, und auch das Mädchen ist nicht besonders hübsch. Ein einsamer und gewöhnlicher Junge und ein einsames und gewöhnliches Mädchen, wie man sie überall findet. Doch glauben sie fest daran, daß es irgendwo auf dieser Welt ein Mädchen oder einen Jungen gibt, der 100%ig zu ihnen paßt. Ja, sie glaubten an ein Wunder. Und dieses Wunder geschah.

Eines Tages begegnen sich die beiden zufällig an einer Straßenecke.

»Unglaublich«, sagt der Junge zu dem Mädchen, »ich habe dich schon die ganze Zeit gesucht! Ob du's glaubst oder nicht, du bist für mich das 100%ige Mädchen.«

Und das Mädchen erwidert: »Und du bist für mich der 100%ige Junge. Genau wie ich ihn mir vorgestellt habe. Es ist wie im Traum.«

Die beiden setzen sich auf eine Parkbank, halten sich an den Händen und reden in einem fort, ohne daß ihnen langweilig wird. Sie sind nicht mehr einsam. Sie haben ihren 100%igen Partner gefunden und sind von ihm gefunden worden. Seinen 100%igen Partner zu finden und von ihm gefunden zu werden, ist etwas ganz Außerordentliches. Ein Wunder des Kosmos.

Aber ihre Herzen durchfährt ein kleiner, ganz kleiner Zweifel. Durfte ihr Traum so einfach in Erfüllung gehen? Als das Gespräch einmal abbricht, sagt der Junge:

»Wir wollen uns nur einmal noch auf die Probe stellen. Wenn wir wirklich 100%ig füreinander geschaffen sind, werden wir uns bestimmt irgendwann irgendwo wiederbegegnen. Beim nächsten Mal wissen wir, daß wir 100%ig füreinander bestimmt sind, und wollen sofort heiraten. Einverstanden?«

»Einverstanden«, antwortet das Mädchen.

Und so trennten sie sich. Nach Westen und nach Osten.

Doch es war in Wirklichkeit vollkommen unnötig, das Schicksal auf die Probe zu stellen. Sie hätten es nicht tun dürfen. Sie waren wirklich 100%ig füreinander bestimmt. Ihre Liebe war ein Wunder. Da sie aber noch zu jung waren, konnten sie es nicht wissen. Und so wurden sie von der immerwährenden, unbarmherzigen Welle des Schicksals fortgerissen.

Eines Tages im Winter erkrankten beide an einer in jenem Jahr grassierenden schweren Grippe. Wochenlang schwebten sie zwischen Leben und Tod, und als sie wieder genesen waren, war ihr Gedächtnis an ihr früheres Leben ausgelöscht. Wie soll ich es sagen, als sie wieder aufwachten, waren ihre Köpfe so leergefegt wie die Spardose des jungen D. H. Lawrence.

Aber da er ein intelligenter und ausdauernder Junge und sie ein intelligentes und ausdauerndes Mädchen war, scheuten sie keine Mühe, erwarben von neuem Bewußtsein und Gefühle und kehrten erfolgreich in die Gesellschaft zurück. Ja, bei Gott, sie waren richtig ordentliche Bürger. Sie wußten, wie man in der U-Bahn korrekt umsteigt und wie man bei der Post einen Eilbrief aufgibt. Sie liebten auch, mal 75%, mal 85%.

Der Junge war zweiunddreißig, das Mädchen war dreißig geworden. Die Zeit war im Fluge vergangen.

Und eines schönen Morgens im April geht der Junge von Westen nach Osten durch eine kleine Seitenstraße in Harajuku, um einen Kaffee zu trinken, und das Mädchen geht, um Briefmarken für einen Eilbrief zu kaufen, die gleiche Straße von Osten nach Westen. In der Mitte der Straße kommen sie aneinander vorbei. Für einen Moment blitzt der schwache Schein verlorener Erinnerung in ihren Herzen auf. Es dröhnt in ihrer Brust. Und sie wissen.

Sie ist für mich das 100%ige Mädchen.

Er ist für mich der 100%ige Junge.

Aber der Schein ihrer Erinnerung ist zu schwach, ihre Sprache besitzt nicht mehr die Klarheit wie vor vierzehn Jahren. Beide gehen, ohne ein Wort zu sagen, aneinander vorbei und verschwinden in der Menge. Auf immer.

Eine traurige Geschichte, findest du nicht?

Ich weiß, so hätte ich sie ansprechen müssen.

Frank Wedekind
Der Verführer

Es ist wohl möglich, daß sich die Gunst eines jeden Mädchens ohne Ausnahme gewinnen läßt. Aber leicht wird es nicht immer. Die Hauptsache ist, daß man den richtigen Weg einzuschlagen versteht.

Die übrigen Herren des intimen Freundeskreises lauschten in gespanntester Erwartung.

Es war am 15. Juni im Jahr 18. ., fuhr der Sprecher fort, als ich gegen Abend zu Tante Mathilde hinauskam und sie mir mitteilte, daß tags zuvor ihre Tochter Melanie von Brüssel zurückgekommen sei. Wir hatten kaum eine Viertelstunde geplaudert, als Melanie mit dezidiertem Schritt, ohne durch meine Anwesenheit überrascht zu sein, leicht errötend ins Zimmer trat. In körperlicher Beziehung hatte sie ungemein gewonnen, seit ich sie nicht gesehen. Ihre Taille war schmal geblieben, ebenso die Schultern, aber die Hüften und besonders die Formen des Korsetts fielen mir durch ihre majestätischen Linien auf. Mit dem Ausdruck unnahbarer Würde und einem eisigen Lächeln auf den Lippen reichte sie mir ihre geschmeidige kleine Hand und nahm auf einem schmalen Taburet Platz, auf dem sie wie auf einem Isolierschemel saß, und von dem aus sie mich mit Blicken maß, von denen ich mich wie von kleinkalibrigen Gewehrkugeln durchlöchert fühlte. Ich schlug die Augen nieder und wendete meine Bemerkungen über Brüssel und die Großstädte im allgemeinen fast ausschließlich an Tante Mathilde, die mich, nachdem wir noch etwa zehn Minuten gemütlich geplaudert, mit ihrer Tochter allein ließ.

»Wie wäre es, Herr Doktor, wenn wir einen Gang durch den Garten machten?« – sagte Melanie, um das peinliche Schweigen zu brechen, das, nachdem sich Tante Mathilde entfernt, zwischen uns obwaltete. Ich bot ihr meinen Arm und führte sie in den stockdunklen Garten hinaus, alle drei Schritte ein Streichholz anzündend, in der Befürchtung, wir möchten gegen einen Baum anrennen oder in die Johannisbeersträucher geraten, bis mir meine Cousine mit einer unvorsichtigen Geste die Schachtel aus der Hand schlug und mich hinter sich her in eine der Lauben zog, die zu beiden Seiten des Weges lagen.

Nachdem wir uns auf der breiten hölzernen Bank mit ziemlicher Mühe zurechtgetastet, nahm sie meine Hand in die ihrige, neigte sich mit ihrem Oberkörper über mich, die Lippen dicht vor meinem Gesicht, so daß ich ihren Atem spürte, und fragte mich, woran ich denke. »An die griechischen Inschriften auf den Denkmälern im westlichen Kleinasien«, entgegnete ich, worauf sie meinte, ich hätte einen stark ausgeprägten sinnlichen Ton in der Stimme. Ich erklärte ihr aber, daß das Altgriechische, wenn es auch keine Ursprache, sondern durchaus Kultursprache sei, doch auf unsere modernen Sprachen, zumal auf die, die wir sprechen, den schwerwiegendsten Einfluß ausgeübt habe, indem es durch die mit altgriechischen Inschriften bedeckten historischen Denkmäler gewirkt. So unterhielten wir uns noch eine Weile, dann fühlte ich ein Frösteln und geleitete Melanie, in der Befürchtung, wir möchten uns beide erkälten, ins Wohnzimmer zurück.

In den darauffolgenden Tagen beschäftigte ich mich mehr mit ihr, als ich erwartet hatte, und beschloß schließlich, da mir der Gedanke an ihren klassisch modellierten Körper keine Ruhe mehr ließ, sie für mich zu erobern.

Drei Tage später traf ich sie wieder bei Tante Mathilde. Es war drei Uhr nachmittags und die Tante schlief. Mit Gewalt oder Heftigkeit, das wußte ich im voraus, erweckte ich nur Empörung; ich mußte also vorsichtig sein. Melanie trug ein Kleid, wie man es bei heißer Jahreszeit nicht leichter tragen kann, in hellgrüner Seide, und so weit, daß es sie wie ein Hemd umflatterte. Über den Schultern war es durch zwei schmale Streifen gehalten. Sie streckte sich auf der Chaiselongue aus und lud mich ein, auf dem Fußende Platz zu nehmen. Dann hakte sie die obersten Haken auf, um, wie sie sagte, besser atmen zu können. Sie schien auch in der Tat sehr unter der Hitze zu leiden, indem ihre Wangen hoch gerötet waren und sie kaum einen Augenblick ruhig liegen konnte.

Ich versuchte das Menschenmöglichste. Ich brachte das Gespräch auf Kleopatra, auf den Frühling, auf Tanzunterhaltungen, ohne dem Mädchen mehr als ein stummes, überlegenes Lächeln zu entlocken. Schließlich nahm ich sogar einen Pantoffel, der ihr zufällig vom Fuß gefallen und führte ihn an meine Lippen. Dabei kajolierte sie mir mit ihrem Fuße zuerst die Hände und dann das Gesicht. Wenn sie gewußt hätte, welch höllische Marter mir das verursachte, in welchem Orkan die Leidenschaften in mir tosten und brandeten! Aber sie lag da, so vertrauensselig, als hätte sie ein neugeborenes Kind neben sich. Ihre Lippen öffneten und schlossen sich wieder, ihre feine rote Zunge wurde zwischen den blanken Zähnen sichtbar, aber keine Spur von Verständnis für meine Taktik. Mir wurde auf meinem schmalen Sitzplatz zumute wie Napoleon auf St. Helena; und als ich das herrliche Weib nach zwei Stunden vergeblich aufgebotener Liebesmühe verließ, fragte ich mich trostlos und niedergeschlagen, wie die Natur ein solches

Wesen schaffen könne, ohne ihm einen Funken menschlichen Gefühls einzuhauchen.

Am nächsten Tage überraschte sie mich mit der unvermittelten Frage, ob ich schon einmal geliebt habe. Ich hatte meinen Feldzugsplan von Grund aus umgestaltet und wußte nicht, ob ich mit Ja oder Nein antworten sollte. Ich hatte mir vorgenommen, sie gar nicht anzusehen und auf diese Weise ihre Eitelkeit zu kitzeln, sie zu demütigen und mich um so begehrenswerter zu machen. Tante Mathilde war zu einer Cafégesellschaft ausgefahren. Wir suchten den kühlsten Ort des Hauses auf und gelangten in einen kleinen, runden, hochgewölbten Gartensalon, in dem außer einem alten rotsamtenen Diwan nur gerade noch eine breite Fächerpalme Platz hatte. Hier, abgeschlossen von der Welt, erzählte ich ihr meine Geschichte. Nie in meinem Leben habe ich eine aufmerksamere Zuhörerin gefunden. Als ich auf die Katastrophe zu sprechen kam, wie das Mädchen, das ich aus tiefster Seele geliebt, mit einem Handelsreisenden nach Amerika durchbrannte, durchfuhr ihren Körper leises Zucken. Ich sah meinen Seelenschmerz von damals in ihren Blicken widergespiegelt. Ich begann zu hoffen, daß ich mich in ihrer Beurteilung geirrt. Da geschah etwas Unvorhergesehenes. Augenscheinlich hatte sie in ihrer Erregung das Knie zu fest an die Kante des Diwans gepreßt. Dadurch war die Schnalle ihres Strumpfbandes aufgesprungen, und das Strumpfband fiel zu Boden! ich hob es auf und überreichte es ihr. Darauf folgte längeres Schweigen. Dann, ohne sich weiter vor mir zu genieren, streifte sie ihr Kleid etwas auf und befestigte das Strumpfband unter dem Knie. Sie trug seidene Strümpfe. Wäre ich in Gedanken nicht bei meiner ersten Liebe gewesen, wer weiß, wozu mich die Arglosigkeit hingerissen hätte. Aber auch so vermochte ich meiner Empfindung nicht völlig Herr zu bleiben. Ich beugte mich nieder über den dunklen Lockenkopf und hauchte einen Kuß auf die weiße Stirne. Aber da fühlte ich, wie sie mich mit dem kleinen Finger zurückstieß. In ihren Blicken lag etwas wie scheue Furcht. Ein Schrei drängte sich auf ihre Lippen, den sie nur mit Mühe zurückhielt. Ich nahm meinen Kopf in beide Hände und stürzte wie wahnsinnig zum Haus hinaus.

Es wird mir ziemlich schwer werden, die Zeit, die diesen Ereignissen folgte, mit kühlem Blut zu beschreiben. Sie endete mit den qualvollsten Seelenkämpfen, die ich durchgemacht und die ich um die Inschriften von ganz Athen nicht zum zweiten Mal durchmachen möchte. Nachdem ich mich zur Genüge davon überzeugt hatte, daß all meine Diplomatie und Feldherrnkunst an dem Mädchen verloren war, beschloß ich sie zu vergessen und meine gute alte Tante Mathilde während ihres Aufenthalts nicht mehr zu besuchen. Aber das gelang nicht, und nun begann ich den frivolen Absichten zu fluchen, die mich dazu verleitet, die schöne Herzlose meiner Bemühungen zu würdigen. Um mich zu zerstreuen, suchte ich Cafés und Bierhöhlen auf, wo ich oft bis nach Mitternacht in Gesellschaft angehender Künstler saß, denen nichts auf dieser Welt mehr heilig war, deren jeder seine zehn bis zwanzig Mädchen zu Herzensfreundinnen hatte und von denen man in einer Nacht mehr lernen konnte, als ein Mann in geordneten Verhältnissen in einer fünfzigjährigen Ehe lernt. Nach einigen Tagen zog es mich wieder wie an einer Schlinge zum Landgut hinaus. Melanie empfing mich im Salon, d. h., eigentlich empfing sie mich nicht. Sie saß am Fenster und stickte. Nicht eines Blickes würdigte sie mich, und die Blicke, die sie zum Fenster hinauswarf, waren so gereizt, so enerviert, so unfreundlich, daß ich die herrliche Landschaft beinah noch mehr als mich selbst bedauerte. Sie bat mich, ihr doch noch einige altgriechische Inschriften zu zitieren. Ich suchte in meinem Kopf, wie man eine Kommode durchsucht, aber meine Gelehrsamkeit war weggeblasen. Ich fühlte mich so beschämt, daß ich meinen Hut nahm und nach Hause ging.

Als ich wiederkam, traf ich sie mit Tante Mathilde zusammen. In der Zwischenzeit hatte ich nicht eine Nacht mehr geschlafen. Ich bat Melanie, mit mir in den Garten hinauszukommen, in die Taxuslaube oder in die Jasminlaube, aber sie sagte, es wäre ihr zu dunkel; sie fürchte, mit dem Kopf an einen Baumstamm zu stoßen, wenn sie mit mir ginge. Ich war zerknirscht. Drei Tage und Nächte lief ich mit dem Gefühl durch die Straßen, als ob mir ein Schmiedehammer das Herz bearbeite. Ich sah Grün, Blau, Rot vor den Augen. Die Menschen, die mir begegneten, machten einen Bogen um mich herum. Wer mir unversehens unter den Hut sah, fuhr erschreckt zusammen, und meine Kleider schlotterten mir am Leib, als hätte ich sie vom Hausierer erstanden. Ich wurde binnen einer Woche um drei Pfund leichter.

Am Sonntag schleppte ich mich noch einmal mehr tot als lebendig hinaus und traf Tante Mathilde allein. Ich griff unwillkürlich nach einer Stuhllehne, als sie mir eröffnete, Melanie sei bei einer Freundin in der Stadt. Dann unterhielt ich die kindische alte Frau eine Stunde lang mit schalen Anekdoten, was ich früher mit Vergnügen getan hatte, und was mir jetzt eine Galeerenarbeit war. Nachdem ich mich verabschiedet, steckte ich im Vestibül den Hausschlüssel in die Tasche, ich wußte nicht, warum. Von dem Moment weiß ich überhaupt von keiner meiner Handlungen mehr das Wie und Warum. Ich war zum Nachtwandler geworden. Kurz vor Mitternacht erwachte ich vor der Haustür des Landhauses, ohne zu wissen, wie ich hergekommen. Eine Stunde später erwachte ich wieder und stand noch an demselben Fleck. Mir war, als stände jemand hinter mir und stieße mir unaufhörlich mit dem Knie in den Rükken. So öffnete ich schließlich, tastete mich die dunklen Treppen hinab und pochte, ohne der Gefahr zu gedenken, der ich mich dabei aussetzte, an ihre Kammertür.

»Wer ist da?« hörte ich ihre Stimme.

»Ich bin es!« – Meine Knie schlotterten. Keine Antwort.

Ich flehte, ich beschwor sie, ich ließ die Türklinke nicht mehr aus der Hand, aber alles blieb still. So stand ich nun fünf lange Stunden, bis es auf der Treppe hell zu werden begann. Dann schlich ich mich durch den Garten nach Hause und verbrachte den Tag in dumpfem Hinbrüten. Die körperlichen Bedürfnisse, Essen, Trinken, Schlafen, existierten für mich nicht mehr.

In der folgenden Nacht wiederholte sich die Szene, nur mit dem Unterschied, daß ich während der fünf Stunden weinte und winselte wie ein Kind.

Das hinderte mich nicht, in der dritten Nacht wieder vor ihrer Türe zu sein. Es gab für mich nur zwei Eventualitäten: Zu ihr gelangen oder sterben. Wer beschreibt mein Erstaunen, als die Tür dem Druck meiner Hand nachgibt. Es war der reine Zufall, denn kaum war ich eingetreten, als sich das Mädchen hoch aufrichtet und mir im Flüsterton, aber mit unerbittlichster Strenge befiehlt, ihr Zimmer zu verlassen; das letzte und größte Hindernis, ihr Mädchenstolz, ihre persönliche Gegenwehr, die es noch zu überwinden galt. Mich wunderte nur, daß sie nicht aus vollem Halse um Hülfe schrie. Um so unverhohlener gab sie ihrem

Schreck und ihrer Empörung mir gegenüber Ausdruck. Sie nannte mich einen unverschämten Menschen, einen Schurken, einen schamlosen Wüstling. Umsonst, sie hatte den Mut eines Verzweifelten gegen sich. Ich brauche nichts mehr zu sagen. Ihre körperlichen Kräfte, ein so herrliches Weib sie war, waren den meinen nicht gewachsen. Ich war Sieger.

Deshalb, meine lieben Freunde, sage ich euch: Es ist möglich, daß sich die Gunst eines jeden Mädchens erringen läßt, aber so leicht geht es nicht. Die Hauptsache ist, daß man den richtigen Weg einzuschlagen versteht.

»Haben Sie denn den Weg noch öfter erprobt?« fragte einer der Anwesenden.

Nein. Ich tat es auch dies eine Mal nicht aus Frivolität, sondern aus psychologischem Interesse. Und wie ich denn ein Mann von Grundsätzen bin, gelang es mir auch später, ihre Zuneigung in dem Grade zu gewinnen, daß sie sich teils durch Vernunftgründe, teils durch Schmeichelworte dazu bewegen ließ, meine Frau zu werden.

Hermann Hesse
Ein Erfinder

Mein Freund Konstantin Silbernagel stand mit allen Mädchen der Nachbarschaft gut, aber er hatte keinen Schatz. Wo er eine stehen und gehen sah, war er mit einem Gruß, mit einem Witz oder mit einer Freundlichkeit und vertraulichen Neckerei zur Hand, und die Mädchen standen dann, sahen ihm nach und hatten ihr Wohlgefallen an ihm; er hätte jede von ihnen haben können. Aber er wollte nicht. Und sooft in der Werkstatt von Mädeln und Liebesgeschichten die Rede war, zuckte er die Achseln, und wenn ihn einer von uns Mitgesellen fragte, was er davon halte, lachte er und meinte:

»Nur drauf los, nur drauf los, ihr Schlecker! Ich erleb's noch, daß ihr alle heiratet.«

»Ja, warum denn nicht«, rief da mancher, »ist denn Heiraten so ein Unglück?«

»Kannst's ja probieren. Aber ich nicht. Ich nicht!«

Wir lachten ihn oft darum aus, namentlich weil er ja kein Weiberfeind war. Einen Schatz hatte er freilich nie, aber wo im Vorübergehen ein kurzes Geschäker, ein leichtes Zugreifen und ein schnell gestohlener Kuß zu haben war, ließ der Silbernagel sich nichts entgehen. Auch glaubten wir nicht fehlzuraten, wenn wir annahmen, er habe irgendwo in der Ferne ein Mädel sitzen und werde wohl der erste von uns sein, dem es zum Heiraten reichte. Denn er verdiente gut und konnte Meister werden, sobald er wollte, auch hieß es, er habe ein fettes Sparkassenbuch.

Im übrigen war Konstantin ein Mensch, den alle gern hatten. Er ließ uns nie merken, daß er geschickter war und mehr verstand als wir Kollegen; nur wenn einer ihn um Rat fragte, half er gern und griff mit zu. Sonst war er wie ein Kind, leicht zum Lachen zu bringen und leicht zu rühren, launisch, aber harmlos, und ich habe nie gesehen, daß er etwa einen Lehrbuben geschlagen oder ungerechterweise angeschnauzt hätte.

Damals glaubte ich noch, es in der Maschinenschlosserei zu etwas Rechtem bringen zu können, und so schloß ich mich immer mehr an den Silbernagel an, der an Begabung und Erfahrung allen Kameraden weit überlegen war und es wohl auch leicht mit dem Meister aufgenommen hätte. Wenn man ihn arbeiten sah, dann ging einem recht die Lust am Handwerk auf, so leicht und fröhlich und unfehlbar ging ihm alles von der Hand. Er hatte stets nur feine Arbeit zu machen, bei der man nicht schlafen und dösen kann und immer alle Aufmerksamkeit beisammen haben muß, und er hat nie ein Stück verdorben. Die meiste Freude hatte er am Montieren neuer Maschinen; auch solche Konstruktionen, die er noch nie selber gearbeitet hatte, brachte er zusammen und in Gang wie ein Kinderspiel, und dabei sah er so edel und besonders aus, daß ich damals zum erstenmal recht begriff, was das heißt, daß der Geist den Stoff beherrscht und daß der Wille stärker ist als alle tote Masse.

Allmählich entdeckte ich denn auch, daß mein Kamerad Konstantin sich nicht mit der aufgetragenen Handarbeit begnügte. Es fiel mir auf, daß er zuzeiten nach Feierabend verschwunden war und sich nirgends zeigte, und bald kam ich dahinter, daß er dann in seinem gemieteten Stüblein in der Senfgasse saß und zeichnete. Anfangs meinte ich, er wolle sich üben und die Künste von der Abendschule nicht einrosten lassen, aber dann ging ich einmal hin, und da sah ich zufällig, daß er am Lösen einer Konstruktionsaufgabe war, und als ich weiter redete und fragte, erfuhr ich bald von ihm, daß er an einer Erfindung arbeite.

Seitdem ich das wußte, kam ich in ein vertraulicheres Verhältnis zu ihm, und nach einiger Zeit kannte ich alle seine Geheimnisse. Er hatte zwei Maschinen erfunden, von denen eine erst auf dem Papier, die andere auch schon im Modell fertig war. Es war ein Vergnügen, seine Zeichnungen anzuschauen, so tadellos sauber und scharf waren sie ausgeführt.

Mein abendlicher Verkehr mit Konstantin erlitt eine Unterbrechung, als ich im Herbst die Fränze Brodbeck kennenlernte und ein Verhältnis mit ihr anfing. Damals fing ich wieder stark zu dichten an, was ich seit meiner Lateinschulzeit unterlassen hatte, und das hübsche, leichtsinnige Mädchen hat mich mehr gekostet, als sie vielleicht wert war, obwohl ich noch mit einem blauen Auge davonkam.

Eines Abends, nachdem ich lange weggeblieben war, kam ich wieder einmal zum Silbernagel auf seine Mansardenstube und sagte Grüßgott. Da schaute er mich bedenklich an und wusch mir wegen der Weibergeschichte gründlich den Kopf, so daß ich fast wieder fortgelaufen wäre. Aber ich blieb doch da, denn in seiner zornigen Rede war etwas vorgekommen, das meiner jungen Eitelkeit gewaltig schmeichelte.

»Du bist zu gut für so ein Weib«, hatte er gesagt, »und überhaupt zu gut für die Frauenzimmer. Ein großer Mechaniker wirst du nicht, wenn du das auch nicht gerne hörst. Aber etwas steckt in dir, das wird schon noch herauskommen, wenn du ihm nicht vorher mit Liebesgeschichten und dergleichen selber das Kreuz abdrehst.«

Und nun fragte ich ihn, warum er eigentlich so grimmig

auf Liebe und Heiraten zu sprechen sei. Er sah mich eine Weile streng an, dann legte er los:

»Das kann ich dir gleich sagen. Zum Erzählen ist's zwar eigentlich nicht, es ist nur so eine Erfahrung oder eine Episode oder wie man das heißt. Aber du wirst es schon begreifen, wenn du nicht bloß mit den Ohrlappen zuhörst. Nämlich, ich bin einmal ganz nahe am Heiraten vorbeigestreift, und von dem hab' ich auf lang hinaus *multum* viel genug. Heiraten soll wer will, aber ich nicht. Ich nicht! Verstanden?

In Cannstatt bin ich zwei Jahre in Arbeit gestanden. War auch Gießerei dabei, ein schöner Betrieb, und viel zu lernen. Kurz vorher hatte ich ein Maschinelchen erfunden für Holzbearbeitung, Zapfen, Spunden und dergleichen, ganz nett, aber es war nicht praktisch, brauchte zu viel Kraft, und da hab' ich den ganzen Kram wieder kaputtgemacht. Jetzt wollte ich noch etwas Ordentliches lernen, und das tat ich auch, und nach ein paar Monaten fing ich schon wieder was an, die kleine Waschmaschine dort; die wird gut. Da wohnte ich bei einer Heizerswitwe, eine kleine Mansarde, und da bin ich fast jeden Abend gesessen und hab gezeichnet und gerechnet. Das war eine schöne Zeit. Du lieber Gott, was hat man sonst vom Leben, als daß man was schafft und aus seinem Kopf heraus was in die Welt setzen kann?

Aber im gleichen Haus hat eine gewohnt, eine Näherin, und die hieß Lene Kolderfinger und war eine schöne Figur, nicht groß, aber wohlgeschaffen und nett. Die kannte ich natürlich bald, und weil es in der Natur so ist, daß junge Burschen gern mit den Mädchen einen Spaß haben, lachte ich ihr zu und sagte ihr manchmal etwas Lustiges, und sie lachte wieder, und es ging nicht lang, da waren wir gute Bekannte und hatten ein Verhältnis miteinander. Und weil sie ein anständiges Mädchen war und mir nichts Unrechtes erlaubte, hingen wir um so fester aneinander. Am Feierabend sind wir in den Anlagen spazierengegangen und am Sonntag auf ein Dorf ins Wirtshaus oder zum Tanzen. Einmal beim Regenwetter kam sie auch zu mir in mein Stüblein, und da zeigte ich ihr meine Zeichnungen zu der Waschmaschine und erklärte ihr alles, weil sie natürlich in solchen Sachen kuhdumm war. Und wie ich mitten im Reden und Erklären und ganz im Eifer war, da sah ich auf einmal, wie sie hinter der Hand gähnte und gar nicht aufs Papier hinschaute, sondern unter den Tisch auf ihre Stiefel. Da hörte ich plötzlich auf und tat die Zeichnungen in die Schublade, aber sie merkte gar nichts und fing gleich zu spielen und zu küssen an. Das war das erstemal, daß ich im Sinn drinnen mit ihr uneinig war und mich ärgerte.

Nachher dachte ich mir dann aber, warum soll das Mädchen sich um deine Zeichnerei bekümmern, wo sie doch nichts davon versteht. Nicht wahr? Und da nahm ich mich zusammen, und es war auch wirklich zuviel verlangt. Nun, das war also gut. Sie hatte mich gern, und lang dauerte es nicht, so fingen wir an, vom Heiraten zu reden. Meine Aussichten waren ja nicht schlecht, ich hätte es bald zum Aufseher bringen können, und die Lene hatte eine ordentliche Aussteuer beinander und auch noch ein paar hundert Mark Gespartes. Und seit wir einander das gesagt hatten und immer strenger ans Hochzeitmachen dachten, ist sie immer zärtlicher geworden, und auch ich hatte nichts anderes mehr im Kopf als meine Verliebtheit.

Über all dem Zeug bin ich natürlich nimmer ans Zeichnen gekommen, weil ich die ganze Zeit bei der Lene war und den Kopf ganz voll hatte von der Heiraterei. Es war auch ganz schön, und ich war recht glücklich, wie es einem Bräutigam ansteht, ließ mir Ausweispapiere aus meiner Heimat kommen und wartete eigentlich nur noch auf meine Aufbesserung im Geschäft; die konnte nimmer lang ausbleiben, vielleicht nur noch vier oder sechs Wochen.

Soweit war alles in Ordnung. Bis die Ausstellung eröffnet wurde. O Sternsakrament, Junge! Es war eine Gewerbeausstellung, nur ziemlich klein, und wurde an einem Sonntag eröffnet. Von der Fabrik hatte ich eine Eintrittskarte gekriegt und für die Lene hatte ich noch eine dazugekauft. Wir hatten Ermäßigung. Da war großer Klimbim, kannst du dir denken. Musik und Spektakel und eine Masse Leute, ich habe dem Mädchen einen Sonnenschirm gekauft, aus einem Stoff wie Seide, in allen Farben, und da gingen wir herum und waren vergnügt. Im Freien spielte eine Militärkapelle aus Ludwigsburg, es war auch das schönste Wetter und alles voll. Später hab' ich sagen hören, sie hätten Defizit gemacht, aber das kann ich nicht glauben.

Wir liefen überall herum und sahen uns die Sachen an, und die Lene ist jeden Augenblick irgendwo stehengeblieben und ich mit. Da kamen wir auch an die Maschinen, und wie ich die sehe, fällt mir auf einmal ein, daß ich so viele Wochen lang nimmer an meiner Waschmaschine geschafft habe. Und auf einmal plagte es mich so stark, daß ich am liebsten gleich im Augenblick heimgelaufen wäre. Das kann man gar nicht erzählen, wie es mir da zumute war.

›Komm, laß die langweiligen Maschinen‹, sagte die Lene und wollte mich fortziehen.

Und wie sie da an meinem Arme zieht, kommt mir's auf einmal so vor, als müsse ich mich schämen und als wolle sie mich von allem fortzerren, was mir früher wichtig und lieb gewesen war. Ich spürte ganz deutlich, wie in einem Traum: entweder heiratest du und gehst inwendig kaputt oder du gehst wieder an deine Waschmaschine. Da sagte ich der Lene, ich wolle noch ein Weilchen hier in der Maschinenhalle bleiben, da zankte sie und ging dann allein weg.

Jawohl, Junge, so ist's und so war's. Am Abend saß ich wie ein Wilder am Zeichenbrett, am Montag morgens hab' ich in meiner Fabrik gekündigt, und vierzehn Tage drauf war ich schon weit fort. Und jetzt werden Maschinen gemacht, eine hab' ich schon im Kopf, und für die da krieg ich's Patent, so gewiß ich Silbernagel heiße.«

O. Henry
Liebesgeschichte eines vielbeschäftigten Börsenmaklers

Pitcher, Prokurist in der Firma des Börsenmaklers Harvey Maxwell, gestattete seinem sonst ausdruckslosen Gesicht, mildes Interesse und eine leichte Überraschung zu zeigen, als sein Brotherr um halb zehn in Begleitung seiner jungen Sekretärin das Büro betrat. Mit einem forschen »Guten Morgen, Pitcher« rannte Maxwell auf seinen Schreibtisch zu, als hätte er die Absicht, diesen im Sprung zu nehmen, und stürzte sich in einen hohen Stoß von Briefen und Telegrammen, die ihn dort erwarteten.

Die junge Dame war seit einem Jahr Maxwells Sekretärin. Sie war auf eine Weise schön, die mit Kurzschrift entschieden nichts zu tun hatte. Sie verzichtete auf den Pomp der verführerischen Pompadour, trug weder Ketten, Armbänder noch Medaillons. Sie gab sich nicht den Anschein, als erwarte sie eine Einladung zum Mittagessen. Ihr Kleid war schlicht und grau, es umschloß ihre Gestalt knapp, aber mit Geschmack. Den zierlichen, schwarzen, turbanartigen Hut schmückte eine goldgrüne Vogelschwinge. An diesem Morgen strahlte sie auf eine weiche und scheue Art. Ihre Augen hatten einen träumerischen Glanz, ihre Wangen trugen einen echten Pfirsichhauch, ihr Ausdruck war glücklich, aber ein wenig nachdenklich.

Pitcher, immer noch von einer leichten Neugierde geplagt, fand ihre Art heute morgen ein wenig verändert. Statt geradewegs in den Nebenraum zu gehen, wo sich ihr Schreibtisch befand, drückte sie sich ein wenig unentschlossen im äußeren Büro herum. Einmal trat sie an Maxwells Schreibtisch heran. So nahe, daß er ihre Gegenwart bemerken mußte.

Die Maschine, die an diesem Schreibtisch saß, war kein Mensch mehr; es war ein vielbeschäftigter New Yorker Börsenmakler, der von schnurrenden Rädern und wippenden Stahlfedern in Bewegung gehalten wurde.

»Nun – was ist denn? Ist irgendwas?« fragte Maxwell scharf. Die geöffnete Post lag wie eine künstliche Schneewehe auf seinem vollgepackten Schreibtisch. Seine scharfen Augen hoben sich kurz und blitzten sie brüsk und ungeduldig an.

»Nichts«, antwortete die Sekretärin und trat mit einem leisen Lächeln weg.

»Mr. Pitcher«, sagte sie zu dem Prokuristen, »hat Mr. Maxwell gestern etwas davon gesagt, daß er eine neue Sekretärin einstellen will?«

»Ja«, sagte Pitcher, »er hat mich beauftragt, eine neue zu engagieren. Ich habe die Agentur gestern nachmittag beauftragt, heute morgen ein paar zur Vorstellung herzuschikken. Es ist jetzt 9.45, und kein einziger Florentinerhut, kein einziger Kaugummi mit Ananasgeschmack ist bis jetzt aufgetaucht.«

»Dann will ich wie sonst die Arbeit tun«, sagte die junge Dame, »bis jemand da ist, der meine Stelle einnimmt.« Und sie ging sofort an ihren Schreibtisch und hängte den schwarzen Turban mit der goldgrünen Vogelschwinge an seinen gewohnten Platz.

Derjenige, der noch nie einen vielbeschäftigten Manhattan-Börsenmakler im Drang der Geschäfte erlebt hat, ist für den Beruf eines Anthropologen ungenügend ausgerüstet. Der Dichter singt von der »erfüllten Stunde des herrlichen Lebens«. Die Stunde des Maklers ist nicht nur ausgefüllt, die Minuten und Sekunden hängen an allen Halteriemen und füllen dichtgedrängt sowohl die vordere wie die hintere Plattform. Und dieser Tag war für Harvey Maxwell ein wohlbesetzter Tag. Der Fernschreiber spuckte stotternd die Stöße sich rollender Papierstreifen aus, das Telefon auf dem Schreibtisch summte in chronischen Anfällen. Menschen begannen in das Büro zu strömen und ihm über das Absperrungsgitter hinweg in munterem, scharfem, boshaftem, aufgeregtem Ton etwas zuzurufen. Botenjungen liefen mit Nachrichten und Telegrammen ein und aus. Die Angestellten im Büro sprangen herum wie Matrosen während eines Sturms. Sogar Pitchers Gesicht entspannte sich und zeigte so etwas wie Leben.

An der Börse gab es Stürme und Bergstürze, Schneestürme, Vereisungen und Vulkanausbrüche, und all diese Naturkatastrophen wiederholten sich in Miniatur im Büro des Maklers. Maxwell schob seinen Stuhl gegen die Wand und vollführte seine Geschäfte in der Art eines Ballettänzers. Er sprang mit der geübten Wendigkeit eines Harlekins vom Telefon zum Fernschreiber, vom Schreibtisch zur Tür.

In der Mitte dieses wichtigen und immer noch zunehmenden Getümmels gewahrte der Makler plötzlich eine hochgetürmte Rolle von goldenem Haar unter einem wippenden Baldachin von Samt und Straußenfedern, eine Jacke aus imitiertem Seal und eine Kette von walnußgroßen Perlen, die in Bodennähe in einem silbernen Herzen endete. Eine selbstbewußte Dame war mit diesen Zutaten verknüpft, und Pitcher war dabei, das Phänomen zu erklären.

»Hier ist eine Dame von der Agentur wegen der Stellung«, sagte Pitcher.

Maxwell, die Hände voll von Papieren und Streifen aus dem Fernschreiber, wandte sich halb um.

»Was für eine Stellung«, fragte er stirnrunzelnd.

»Stellung als Sekretärin«, sagte Pitcher. »Sie haben mir doch gestern gesagt, ich solle anrufen und für heute morgen jemanden herbestellen.«

»Sie sind wohl nicht ganz bei Verstand, Pitcher«, sagte Maxwell. »Warum sollte ich Ihnen einen solchen Auftrag gegeben haben? Miss Leslie hat während des Jahres, das sie hier ist, zu meiner vollen Zufriedenheit gearbeitet. Sie behält die Stelle, solange sie Wert darauf legt. Wir haben keine freie Stelle, Fräulein. Widerrufen Sie den Auftrag bei der Agentur, Pitcher, und bringen Sie keinen mehr hier rein.«

Das silberne Herz verließ das Büro, schwang dabei hin und her und knallte gegen die Büromöbel, während es aufgebracht verschwand. Pitcher benutzte eine Pause, um dem Buchhalter zuzuflüstern, der »Alte« käme ihm jeden Tag zerstreuter und vergeßlicher vor.

Der Andrang und das Tempo der Geschäfte wurden wüster und schneller. Auf dem Fußboden stapelte sich ein halbes Dutzend verschiedener Aktien, in die Maxwells Kunden eifrig investierten. Aufträge zum Kauf und Verkauf kamen und gingen so schnell wie die Schwalben. Einige seiner eigenen Bestände kamen in Gefahr, und der Mann arbeitete wie eine hochgezüchtete, empfindliche, starke Maschine – in höchster Anspannung, in vollem Tempo, genau, niemals zögernd, das richtige Wort, die richtige Entscheidung, die richtige Handlung kamen mit der Genauigkeit eines Uhrwerks. Aktien und Pfandbriefe, Anleihen und Hypotheken, Spielraum und Sicherheiten – das hier war eine Welt der Finanzen, hier war kein Raum für eine menschliche Empfindung oder für die Natur.

Als die Mittagszeit sich näherte, ließ der Aufruhr ein wenig nach.

Maxwell stand an seinem Schreibtisch, die Hände voller Telegramme und Merkzettel, eine Füllfeder hinter dem rechten Ohr. Das Haar hing ihm in unordentlichen Strähnen ins Gesicht. Das Fenster stand offen, denn der gütige Hausmeister Frühling hatte die Heizungsventile der Welt ein wenig geöffnet.

Und durch das Fenster strömte ein – vielleicht verlorener – zarter, süßer Hauch von Flieder, der den Makler für einen Augenblick erstarren ließ. Denn dieser Duft gehörte zu Miss Leslie; er gehörte ihr, nur ihr allein.

Der Duft drang lebhaft, fast körperhaft auf ihn ein. Die Welt der Finanzen schrumpfte plötzlich zu einem Fleckchen. Und sie war im Nebenzimmer – nur zwanzig Schritte entfernt.

»Mein Gott, jetzt wag' ich es«, sagte Maxwell halblaut, »jetzt frage ich sie. Warum habe ich es nicht schon längst getan?«

Er eilte in das innere Büro, als müßte er sich wichtige Effekten sichern. Er stürzte auf den Schreibtisch der Sekretärin zu.

Sie blickte lächelnd zu ihm auf. Eine sanfte Röte stieg ihr in die Wangen, und ihr Blick war freundlich und offen.

Maxwell stützte sich mit einem Ellbogen auf ihren Schreibtisch. Beide Hände umklammerten immer noch flatternde Papiere, und die Feder steckte noch hinter seinem Ohr.

»Miss Leslie«, begann er atemlos, »ich habe nur einen Moment Zeit. In diesem Moment muß ich Ihnen etwas sagen. Wollen Sie meine Frau werden? Ich habe nicht die Zeit gehabt, Ihnen in der üblichen Weise den Hof zu machen, aber ich liebe Sie wirklich. Bitte – sagen Sie es schnell – diese Burschen reißen noch die Füllungen aus ›Union Pacific‹ raus.«

»Wovon redest du eigentlich?« rief die junge Dame. Sie war aufgesprungen und starrte ihn mit runden Augen an.

»Verstehen Sie denn nicht?« sagte Maxwell beunruhigt.

»Ich möchte, daß Sie mich heiraten. Ich liebe Sie, Miss Leslie. Das wollte ich Ihnen sagen, und ich habe mir eine Minute dazu gestohlen, als alles ein bißchen ruhiger wurde. Jetzt klingelt das Telefon schon wieder. Pitcher, sie sollen einen Augenblick warten. Wollen Sie, Miss Leslie?«

Die Sekretärin benahm sich sehr seltsam. Zuerst schien sie vor Erstaunen überwältigt; dann entströmten Tränen ihren ratlosen Augen, dann brach ein sonniges Lächeln durch die Tränen, und sie legte zärtlich einen Arm um den Hals des Maklers.

»Jetzt weiß ich es«, sagte sie sanft. »Dieses blöde Geschäft hat dich für den Augenblick alles vergessen lassen. Zuerst bin ich erschrocken. Weißt du es denn nicht mehr, Harvey? Gestern abend um acht haben wir in der kleinen Kirche um die Ecke geheiratet.«

Oscar Wilde
Der Modellmillionär

Ein Vermerk der Bewunderung

Wenn man nicht wohlhabend ist, nützt es einem nichts, ein reizender Kerl zu sein. Romantik ist das Vorrecht des Reichen, nicht das Geschäft des Stellungslosen. Der Arme sollte praktisch und prosaisch sein. Es ist besser, ein ständiges Einkommen zu haben, als bestrickend zu sein. Das sind die großen Wahrheiten des modernen Lebens, die sich Hughie Erskine nie vergegenwärtigte. Armer Hughie! In geistiger Beziehung, das müssen wir zugeben, war er kein großes Licht. Nie in seinem Leben sagte er etwas Brillantes oder auch nur Boshaftes. Aber dafür sah er wundervoll aus mit seinem braunen Kraushaar, seinem klar geschnittenen Profil und seinen grauen Augen. Er war bei Männern ebenso beliebt wie bei Frauen und besaß alle nur erdenklichen Talente außer dem einen, Geld zu verdienen. Sein Vater hatte ihm seinen Kavalleriesäbel und eine ›Geschichte des Spanischen Krieges der Engländer gegen Napoleon I.‹ in fünfzehn Bänden hinterlassen. Das erstgenannte Erbstück hängte Hughie über seinen Spiegel, stellte das zweite in ein Regal zwischen Ruffs Reiseführer und Baileys Magazin und lebte von zweihundert Pfund im Jahr, die ihm eine alte Tante bewilligte. Er hatte alles mögliche versucht. Er war sechs Monate zur Börse gegangen; aber was hatte ein Schmetterling zwischen Hausse-Bullen und Baisse-Bären zu suchen? Ein wenig länger hatte er mit Tee gehandelt, aber Pekoe und Souchong bald satt bekommen. Dann hatte er's mit dem Verkauf von Sherry Extra Trocken versucht. Das klappte nicht, der Sherry war etwas zu trocken.

Schließlich wurde er gar nichts, ein entzückender, unfähiger junger Mann mit einem vollendeten Profil und ohne Beruf.

Um die Sache noch schlimmer zu machen, war er verliebt. Das Mädchen, das er liebte, war Laura Merton, die Tochter eines pensionierten Obersten, der seine Gemütsruhe und seine gute Verdauung in Indien verloren und beides nicht wiedergefunden hatte. Laura betete Hughie an und war bereit, ihm die Schuhbänder zu küssen. Sie waren das hübscheste Paar von London und besaßen zusammen keinen Penny. Der Oberst mochte Hughie sehr gern, wollte aber von einer Verlobung nichts wissen.

›Kommen Sie wieder, mein Junge, wenn Sie zehntausend Pfund Ihr eigen nennen, dann werden wir weitersehen‹, pflegte er zu sagen, und an solchen Tagen blickte Hughie sehr verdrossen drein und mußte bei Laura Trost suchen.

Eines Morgens, als er auf dem Weg nach Holland Park war, wo die Mertons wohnten, schaute er zu Alan Trevor hinein, einem guten Freund von ihm. Trevor war Maler. Das können heutzutage wenige vermeiden. Aber er war auch Künstler, und Künstler sind recht selten. Äußerlich war er ein merkwürdiger, ungehobelter Bursche mit einem Gesicht voller Sommersprossen und einem roten Zottelbart. Aber wenn er den Pinsel zur Hand nahm, war er ein wahrer Meister, und seine Bilder waren eifrig gefragt. Er hatte sich von Anfang an zu Hughie hingezogen gefühlt, und zwar zunächst, das muß gesagt werden, einzig und allein wegen seiner äußeren Reize. ›Die einzigen Leute, mit denen ein Maler verkehren sollte‹, pflegte er zu sagen, ›sind Leute, die dumm und schön sind, Leute, deren Anblick ein künstlerischer Genuß und deren Unterhaltung eine geistige Ruhepause ist. Männer, die Dandys, und Frauen, die Schätzchen sind, regieren die Welt oder sollten es zumindest.‹ Doch als er Hughie besser kennenlernte, mochte er ihn ebensosehr wegen seines frohen, heiteren Gemüts und seines großzügigen, unbekümmerten Wesens und hatte ihm ständigen Zutritt zu seinem Atelier gestattet.

Als Hughie eintrat, sah er Trevor die letzten Pinselstriche an dem wundervollen lebensgroßen Bildnis eines Bettlers ausführen. Der Bettler selbst stand auf einem Podium in einer Ecke des Ateliers. Er war ein vertrockneter alter Mann mit einem Gesicht wie zerknittertes Pergament und einem höchst erbarmungswürdigen Ausdruck. Um seine Schultern hatte er einen großen braunen Mantel geworfen, der nur noch aus Rissen und Fetzen bestand; seine klobigen Stiefel waren notdürftig ausgebessert und geflickt, und mit einer Hand stützte er sich auf einen derben Stock, während die andere einen abgenutzten Hut nach Almosen ausstreckte.

»Welch ein erstaunliches Modell!« flüsterte Hughie, als er seinem Freunde die Hand gab.

»Erstaunliches Modell?« rief Trevor mit seiner lautesten Stimme aus. »Das sollte ich meinen! Solche Bettler wie den trifft man nicht alle Tage. *Une trouvaille, mon cher,* ein lebender Velázquez! Lieber Himmel, welch eine Radierung hätte Rembrandt von ihm gemacht!«

»Armer alter Kerl!« sagte Hughie. »Wie jammervoll er aussieht! Aber für euch Maler ist sein Gesicht vermutlich sein Vermögen?«

»Gewiß«, erwiderte Trevor, »man braucht schließlich keinen Bettler, der glücklich aussieht, nicht wahr?«

»Wieviel bekommt ein Modell für das Sitzen?« fragte Hughie, während er es sich auf dem Diwan bequem machte.

»Einen Shilling die Stunde.«

»Und wieviel bekommst du für das Bild, Alan?«

»Oh, für dies bekomme ich zweitausend.«

»Pfund?«

»Guineen. Maler, Dichter und Ärzte bekommen immer Guineen.«

»Meiner Ansicht nach sollte das Modell Prozente erhalten«, rief Hughie lachend aus. »Sie arbeiten ebensoschwer wie du.«

»Unsinn, barer Unsinn! Denk allein an die Mühe, die Farbe aufzutragen und den ganzen Tag vor der Staffelei zu stehen! Du hast gut reden, Hughie, aber ich versichere dir, es gibt Augenblicke, in denen sich die Kunst fast zu der Würde handwerklicher Arbeit aufschwingt. Aber schwatz jetzt nicht, ich bin sehr beschäftigt. Rauch eine Zigarette und halt den Mund.«

Nach einer Weile kam der Diener und meldete Trevor, daß ihn der Rahmenmacher zu sprechen wünsche.

»Lauf nicht weg, Hughie«, sagte Trevor, als er hinausging, »ich bin gleich wieder da.«

Der alte Bettler benutzte Trevors Abwesenheit, sich ein Weilchen auf einer Holzbank auszuruhen, die hinter ihm stand. Er sah so hilflos und unglücklich aus, daß Hughie Mitleid mit ihm haben mußte und in seinen Taschen kramte, um festzustellen, wieviel Geld er bei sich habe. Alles, was er finden konnte, waren ein Sovereign und ein paar Kupfermünzen. ›Armer Alter‹, dachte er bei sich, ›er braucht das Geld nötiger als ich, aber das bedeutet, daß ich mir vierzehn Tage keinen Hansom leisten kann.‹ Und er ging durch das Atelier und drückte dem Bettler den Sovereign in die Hand. Der alte Mann fuhr zusammen, und ein schwaches Lächeln flog über seine runzligen Lippen. »Vielen Dank, Sir«, sagte er, »vielen Dank.«

Dann kam Trevor, und Hughie verabschiedete sich, ein wenig errötend über das, was er getan hatte. Er verbrachte den Tag mit Laura, wurde auf bezaubernde Weise wegen seiner Verschwendung gescholten und mußte zu Fuß heimgehen.

Am selben Abend schlenderte er gegen elf Uhr in den Paletten-Klub und sah Trevor allein im Rauchzimmer bei Rheinwein und Selters sitzen.

»Nun, Alan, hast du dein Bild fertig?« fragte er, als er seine Zigarette anzündete.

»Fertig und gerahmt, mein Junge!« antwortete Trevor. »Und übrigens hast du eine Eroberung gemacht. Das alte Modell, das du gesehen hast, ist ganz vernarrt in dich. Ich mußte ihm alles von dir erzählen – wer du bist, wo du wohnst, wie hoch dein Einkommen ist, welche Aussichten du hast ...«

»Mein lieber Alan«, rief Hughie, »wahrscheinlich wird der Alte auf mich warten, wenn ich nach Hause gehe. Aber natürlich machst du nur Spaß. Armer alter Teufel! Ich wünschte, ich könnte etwas für ihn tun. Es muß schrecklich sein, wenn man so in Not ist. Ich habe zu Hause einen Haufen alter Kleidungsstücke – meinst du, ihm wäre etwas daran gelegen? Seine Lumpen fallen ja schon in Fetzen.«

»Aber er sieht prachtvoll darin aus«, sagte Trevor. »Um nichts in der Welt würde ich ihn in einem Gehrock malen wollen. Was du Lumpen nennst, nenne ich Romantik. Wo du Armut siehst, sehe ich das Malerische. Immerhin werde ich ihm dein Angebot übermitteln.«

»Alan«, sagte Hughie ernst, »ihr Maler seid ein herzloses Pack.«

»Eines Künstlers Herz ist sein Kopf«, erwiderte Trevor, »und im übrigen ist unser Gewerbe, die Welt anzuerkennen, wie wir sie sehen, nicht die uns bekannte umzuschaffen. *A chacun son métier.* Und nun erzähl mir, wie es Laura geht. Das alte Modell hat sich sehr für sie interessiert.«

»Du willst doch nicht etwa sagen, daß du mit ihm über sie gesprochen hast?« rief Hughie aus.

»Allerdings. Der Alte weiß jetzt alles über den hartherzigen Oberst, die liebreizende Laura und die zehntausend Pfund.«

»Du hast dem alten Bettler meine ganzen Privatangelegenheiten erzählt?« rief Hughie mit hochrotem und ärgerlichem Gesicht. »Mein lieber Junge«, sagte Trevor lächelnd, »der alte Bettler, wie du ihn nennst, ist einer der reichsten Männer Europas. Er könnte morgen ganz London kaufen, ohne sein Konto zu überziehen. In jeder Hauptstadt hat er eine Niederlassung, speist von goldenen Schüsseln und kann, wenn es ihm beliebt, Rußland hindern, Krieg zu führen.«

»Was in aller Welt meinst du damit?« rief Hughie.

»Das, was ich sage«, antwortete Trevor. »Der alte Mann, den du heute im Atelier sahst, ist Baron Hausberg. Er ist ein guter Freund von mir, kauft all meine Bilder und dergleichen und hat mir vor einem Monat den Auftrag gegeben, ihn als Bettler zu malen. *Que voulez-vous? La fantaisie d'un millionaire!* Und ich muß sagen, er nahm sich großartig aus in seinen Lumpen, oder vielleicht sollte ich besser sagen, in meinen Lumpen, denn es war altes Zeug, das ich in Spanien aufgabelte.«

»Baron Hausberg!« schrie Hughie. »Grundgütiger Himmel! Und ich habe ihm einen Sovereign gegeben!« Und – ein Bild der Bestürzung, ließ er sich in einen Sessel fallen.

»Du hast ihm einen Sovereign gegeben?« brüllte Trevor und brach in schalllendes Gelächter aus. »Mein lieber Junge, den wirst du nicht wiedersehen. *Son affaire c'est l'argent des autres.*«

»Das hättest du mir aber sagen können, Alan«, bemerkte Hughie verdrossen, »daß ich mich nicht so zum Narren mache.«

»Nun; zunächst, Hughie«, entgegnete Trevor, »ist es mir nie in den Sinn gekommen, daß du herumgehst und auf so leichtsinnige Weise Almosen spendest. Ich kann es verstehen, wenn du ein hübsches Modell küßt, aber einem häßlichen einen Sovereign zu geben – das verstehe ich wahrhaftig nicht! Außerdem war ich an dem Tag wirklich für niemanden zu Hause, und als du kamst, wußte ich nicht, ob es Hausberg recht wäre, wenn sein Name genannt würde. Du weißt, er war nicht gesellschaftsfähig angezogen.«

»Für welch einen Trottel muß er mich halten!« sagte Hughie.

»Durchaus nicht. Er war bester Laune, als du gegangen warst, kicherte dauernd vor sich hin und rieb sich die alten verrunzelten Hände. Ich konnte nicht dahinterkommen, warum er so daran interessiert war, alles über dich zu erfahren, aber jetzt ist mir alles klar. Er wird deinen Sovereign für dich anlegen, dir alle sechs Monate die Zinsen zahlen und hat eine famose Geschichte, die er nach dem Dinner erzählen kann.«

»Ich bin ein Unglücksteufel«, knurrte Hughie. »Am besten gehe ich jetzt zu Bett, und, lieber Alan, du darfst es niemandem erzählen. Ich würde nicht wagen, mein Gesicht in der Rotten-Row sehen zu lassen.«

»Unsinn! Die Sache wirft das beste Licht auf dein menschenfreundliches Gemüt, Hughie. Und lauf nicht weg. Rauch noch eine Zigarette, und du darfst auch soviel von Laura erzählen, wie du magst.«

Dennoch wollte Hughie nicht bleiben, sondern ging heim und fühlte sich sehr unglücklich, als er Alan Trevor verließ, der immer wieder in Lachen ausbrach.

Am nächsten Morgen, als er beim Frühstück saß, brachte ihm der Diener eine Visitenkarte, auf der geschrieben stand: ›Monsieur Gustave Naudin, de la part de M. le Baron Hausberg‹.

›Vermutlich kommt er, um meine Entschuldigung einzuholen‹, sagte sich Hughie und befahl dem Diener, den Besucher heraufzuführen.

Ein alter Herr mit goldener Brille und grauem Haar trat ins Zimmer und sagte mit leicht französischem Akzent: »Habe ich die Ehre, mit Monsieur Erskine zu sprechen?« Hughie verbeugte sich.

»Ich komme von Baron Hausberg«, fuhr er fort. »Der Baron ...«

»Ich bitte Sie, Sir, ihm meine aufrichtigste Entschuldigung zu übermitteln«, stammelte Hughie.

»Der Baron«, sagte der alte Herr mit einem Lächeln, »hat mich beauftragt, Ihnen diesen Brief zu übergeben«, und er reichte ihm einen versiegelten Umschlag.

Auf dem Umschlag stand: ›Ein Hochzeitsgeschenk für Hugh Erskine und Laura Merton von einem alten Bettler‹, und drinnen lag ein Scheck über zehntausend Pfund.

Als sie heirateten, war Alan Trevor Brautführer, und der Baron hielt beim Hochzeitsfrühstück eine Rede.

»Millionäre als Modell für ein Bild«, bemerkte Alan, »sind selten genug; aber als Vorbild sind sie wahrhaftig noch seltener!«

Angeles Mastretta
Valeria und ihre Liebhaber

Eine Tante aus der Familie war ihrem Mann so treu wie keine zweite. Zumindest erzählen es so alle, die sie gekannt haben. Und es gab auch keine zweite in Puebla, die zu ihrem Mann so liebevoll und fürsorglich und die stets so heiter wie Tante Valeria gewesen wäre.

Ihre Einkäufe machte Valeria auf dem Victoria-Markt, und nach Aussage der alten Marktfrauen war schon an der Art, wie sie ihr Gemüse aussuchte, ihre Ausgeglichenheit zu erkennen. Jede Sorte befühlte sie gemächlich, sie genoß es, wenn Schalen glänzten, und was sie auswählte, legte sie Stück für Stück auf die Waage.

Während dann abgewogen wurde, legte sie den Kopf in den Nacken und seufzte wohlig, wie jemand, der gerade eine faszinierende Aufgabe erfüllt hat. Manche ihrer Freundinnen hielten sie für leicht verdreht, weil es ihnen nicht in den Kopf ging, daß eine so beschwingt durchs Leben gehen und von ihrem Mann immer nur Gutes sagen konnte. Sogar wenn sie ganz unter sich waren und an einem stillen Platz im Garten oder vor dem Kirchenportal von Frau zu Frau miteinander sprachen, schwärmte Valeria noch von ihrem Göttergatten.

Dabei war an dem gar nichts Besonderes, er war guter Durchschnitt, hatte wie alle seine Anfälle von Gereiztheit, ließ gelegentlich stehen, was man gekocht hatte, hatte die leidige Angewohnheit, die ungelegensten Tageszeiten für ideale Liebeszeiten zu halten, also morgens von der hellen Lust angewandelt zu werden und dem trauten Heim dafür abends eher fernzubleiben, und hielt gern kluge Reden darüber, wie Kinder sind und wie sie sein sollen, um sich in der Praxis eher weise zurückzuhalten. Kurz, er war ein ganz normaler Ehemann. Darum mutete es ja so unglaublich an, daß Valeria mit ihrem Lächeln und Strahlen immer wieder eine nicht versiegende Verliebtheit bezeugte.

»Wie machst du das nur?« fragte eines Tages ihre Cousine Gertrudis, die stadtbekannt dafür war, daß sie einen unstillbaren Betätigungsdrang, wie ihn große Männer für ein einziges Werk einsetzen, jede Woche auf ein neues Wirkungsfeld verlegte.

Gertrudis konnte an drei Tagen fünf Pullover stricken, sie konnte stundenlang reiten, sie buk für weit und breit jeden Wohltätigkeitsbasar Kuchen, sie nahm Malunterricht, tanzte Flamenco, sang mexikanische Volkslieder, sie konnte an einem Sonntag sechzig Gäste bewirten und sich noch jeden Montag ganz ungeniert in drei neue Männer verlieben.

»Wie mache ich was?« fragte Valeria friedvoll zurück.

»Daß du es nie satt bekommst«, erklärte ihre Cousine Gertrudis und fädelte einen Faden ein, um die Arbeit an einer der dreihundert Kreuzstichtischdecken zu beginnen, die sie einmal ihren Töchtern vererben sollte. »Manchmal denke ich, du hast heimlich einen Liebhaber und erlebst mit dem unerhörte Dinge.«

Tante Valeria lachte. Ihr Lachen soll hell und herausfordernd gewesen sein, und sie soll sich damit viel Neid eingehandelt haben.

»Ich habe jede Nacht einen anderen«, sagte sie, wieder ernst geworden.

»Als ob die Liebhaber nur so auf der Straße herumlägen«, sagte Gertrudis skeptisch, ließ dabei aber keine Minute von ihrer Nadelarbeit.

»Liegen sie aber«, widersprach Valeria und legte ihre weichen Hände auf dem Schoß aufeinander.

»Bei den drei Hanseln hier in der Stadt, die wir uns alle längst übergesehen haben und von denen keiner mehr frei ist?« zweifelte Gertrudis und machte einen Knoten in einen neuen Faden.

»In meinem Kopf gibt es genug«, verriet ihr Valeria und legte den Kopf in den Nacken. Gertrudis fiel erst jetzt auf, daß diese unverkennbare Bewegung an ihrer Cousine mehr war als nur eine bizarre Gewohnheit.

»Mach einfach die Augen zu«, sagte Valeria und schloß ihre Augen. »Und schon kannst du deinen Mann in jeden anderen verwandeln, nach dem dir gerade der Sinn steht. Meinetwegen in Pedro Armendáriz, Humphrey Bogart oder Manolete oder unseren Gouverneur, oder den Mann deiner besten Freundin, den besten Freund deines Mannes, den Zucchiniverkäufer von der Ecke, den Millionär, der das Altersheim bezuschußt. Wer immer dir einfällt, wenn du Lust hast, deinen Mann mal anders zu lieben. So wird es nie langweilig. Das einzige Risiko dabei ist, daß er dir hinterher anmerkt, daß du woanders bist. Aber das läßt sich leicht hinkriegen. Du zerreißt den Schleier einfach mit der Hand und küßt deinen Mann noch einmal, und der liebt in dir bestimmt auch oft Ninón Sevilla oder Greta Garbo oder María Victoria oder das junge Mädchen aus dem Haus nebenan, das in letzter Zeit erblüht ist. Du küßt deinen Mann, und du stehst auf und gehst einkaufen oder bringst die Kinder zur Schule. Du küßt deinen Mann, und wenn es dich nachts wieder einmal packt, schmiegst du dich fest an ihn und läßt dir was träumen ...«

So soll Valeria es immer gehalten und darum soll sie so viele Jahre Spaß am Leben gehabt haben. Fest steht, daß sie, als es ans Sterben ging, den Kopf in den Nacken legte und daß sie unterm Kopfkissen ein Autogrammfoto von Agustín Lara hatte.

Zsuzsa Bánk
Herz

Wir trafen uns jeden Nachmittag am Strand. Christoph, sein Hund und ich. Es war immer zur selben Stunde, ohne daß wir es geplant oder uns verabredet hätten. Ich kam mit dem Fahrrad aus der Stadt und Christoph mit dem Wagen aus irgendeinem Nest in der Nähe. Er parkte am Wasser, öffnete die Tür zur Ladefläche, und sein Hund sprang mir entgegen. Wir verbrachten die Zeit damit, Stöcke zu werfen, so weit wir konnten. Christophs Hund rannte bellend hinter ihnen her, sprang hoch, fing sie noch im Flug auf und legte sie wieder vor unsere Füße. Wir schauten uns den Sonnenuntergang an, auch wenn er nahezu unsichtbar blieb. Am Horizont dämmerte es hinter einer dicken Wolkendecke, und wenig später war es Nacht. Es gab keine Strandpromenade, kein Café, in das wir uns hätten setzen können, um aufs Meer zu schauen, auf seine immer gleichen Bewegungen. Nur etwas oberhalb fanden wir einen betonierten Weg, den wir barfüßig entlangliefen. Von dort hatten wir den besten Ausblick auf die nahen Casinos, in denen man unter der Woche vergeblich auf Gäste wartete. Stundenlang spazierten wir durch den dreckigen Sand, tauchten unsere Füße ins kalte Wasser und sammelten Muscheln, die ich in die Taschen steckte und später auf meine Fensterbank legte. Selten kam uns jemand entgegen. Wir redeten über den Sommer, der nicht kommen wollte und anscheinend einen großen Bogen um dieses Stück Erde machte. Wenn uns der Abendhimmel gefiel, gingen wir in ein Casino, nur ein paar Kilometer weiter. Ich ließ mein Rad stehen, wir fuhren mit dem Wagen an der Küste entlang, und Christophs Hund glotzte durch die Scheibe zu uns ins Fahrerhaus. Christoph sagte, Nummer sicher ist langweilig, wir legten unsere Chips auf Zahlen und verloren alles, was wir gesetzt hatten. Ich kann mich nicht erinnern, jemals etwas gewonnen zu haben. Es gab Tage, an denen wir uns verabschiedeten, ohne Wesentliches gesagt zu haben. Aber selbst das ließ mich unbekümmert und leicht zurück.

Christoph erzählte mir fast jeden Tag von Vince. Vince heile Serienmörder, sagte er, die ihm hin und wieder auch ein Messer an den Hals setzten. In der Pathologie esse er Butterbrote. Die Bullen, mit denen er arbeite, nenne er Tintenpisser oder Stempelkissenficker, je nachdem. Wenn ihm eine Frau gefalle, fange er an, sie anzusingen. Auf der Straße, in einer Bar. Egal wo. Und das Wichtigste: Er tanze wie ein Gott. Ich ertappte mich dabei, wie ich auf die Vince-Geschichten wartete. Wenn Christoph sie erzählte, tat ich unbeteiligt. Ich wußte viel über Vince. Ich war im Vorteil. Ich begann mir auszumalen, wie seine Lippen aussahen. Ende des Sommers kehrten Christoph und ich zurück nach D-Land, wie wir es verächtlich nannten. In den Wintermonaten wohnte ich bei meinem Bruder. Wenn ich in der Stadt an einer Ampel stand oder mit dem Bus fuhr, schaute ich in die Gesichter der Fremden und schätzte, wer Vince wohl am ähnlichsten war. Wenn jemand in einer Bar oder in einem Geschäft seinen Namen rief, erschrak ich. Ich wußte, wer Vince sein könnte und wer nicht.

Christoph rief an und sagte, Vince mache seinen üblichen Charité-Rundgang für ein paar Leute. Ob wir nicht mitkommen wollten? Wir trafen uns an einer Straßenecke in

Berlin-Mitte. Ich wußte gleich, wer Vince war. Er war sehr viel größer als ich. Unter seiner Mütze schauten blonde Locken hervor. Um den Hals trug er eine Kette mit einem dicken Herzanhänger. Ich gab ihm die Hand und sagte meinen Namen. Im Grunde hatte ich seit Monaten auf nichts anderes gewartet. Vince führte uns durch die Höfe der Charité, und wir trotzten dem Wind, der etwas Staub aufwirbelte: Vince sprach über die Abstufungen von Irrsinn und Wahnsinn und über die Toten in der Pathologie. Als wir später durchs Scheunenviertel gingen, wich ich nicht von seiner Seite. Die anderen stapften über die schmalen Bürgersteige hinter uns her.

Im *Strandbad Mitte* rückten wir ein paar Tische zusammen. Vince zog seine Mütze ab und strich sein Haar zurück. Ich saß am anderen Tischende, nicht einmal in seiner Sprechweite. Ein Kellner verteilte Kerzen, die wir in Flaschenhälse steckten, und Vince balancierte Gläser auf seinen Handrücken. Er sagte, dieses Kunststück ist für Hannah, und alle Köpfe drehten sich in meine Richtung. Vince ließ die Gläser hochschnellen und fing sie wieder auf. Langsam ließ er sie über seine ausgestreckten Arme zu seinen Schultern rollen und wieder zurück. Dann goß er Wein nach, brachte mir das eine Glas und trank selbst aus dem anderen. Er sang für uns bis tief in die Nacht. Sein Blick kehrte immer wieder zu mir zurück. Später verabschiedeten wir uns alle auf der Straße. Wir standen lärmend unter einer Laterne, deren gelbliches Licht auf uns fiel. Ich ging ein paar Schritte weiter und schaute den Mond an. Und Vince schaute mich dabei an, wie ich den Mond anschaute.

Die nächsten Tage verbrachte ich damit, zu versuchen, nicht an Vince zu denken. Ich lief durch die Stadt, saß an U-Bahn-Stationen und schaute Zügen hinterher, wenn sie langsam verschwanden. Ganze Nachmittage vergingen so. Ich sah Familienserien, trank Bier dabei und glaubte bald, diese Menschen zu kennen. Wenn es geregnet hatte und Wasser von den Bäumen tropfte, spazierte ich durch den Tiergarten. Ich ging in Cafés und blieb dort, bis es dunkel wurde. Wenn ich in einer Schlange warten mußte, ließ ich andere vor. Irgendwann fand ich mich in den Höfen der Charité wieder und vor den Fensterscheiben vom *Strandbad Mitte*. Ich wartete auf etwas, ohne zu wissen, was das sein könnte.

Ich hörte nichts von Vince und wagte auch nicht, nach ihm zu fragen.

»Ich wußte, er würde dir gefallen«, sagte mir Christoph unvermittelt am Telefon.

»Gefallen?« fragte ich und lachte gequält. Ich wollte nicht vorgeben, alles sei anders.

»Zu harmlos?« fragte Christoph.

»Ja«, erwiderte ich.

»Wo warst du die ganze Zeit?«

»Nirgends. Ich laufe an U-Bahn-Stationen rum.«

»U-Bahn-Stationen?«

»Mein Gott, ja.«

»Was soll ich tun?« fragte Christoph versöhnlich.

»Ich weiß nicht, vielleicht können wir wegfahren oder so. Irgendwo am Strand sitzen und dann ein paar Wellen über die Füße laufen lassen. Wenigstens das. Vielleicht würde mich das ein bißchen beruhigen.«

Es klingelte an der Tür.

»Ich glaube, es ist Vince«, sagte Christoph, und ich spürte, wie meine Hände naß wurden.

Ich schaute durch den Spion und sah Vince als Miniatur wie unter einem Brennglas. Er schaute auf den Boden. Ich öffnete die Tür.

»Hast du Zeit?« fragte er.

»Ich?«

»Ja, du. Wer sonst? Wir haben doch neulich abends zusammengesessen. Oder?«

»Doch, doch. Du warst der Mann mit den Gläsern, ich weiß schon.« Ich hatte nicht vor, ihn hereinzubitten.

»Hast du Zeit?« fragte Vince noch einmal.

»Ja, ich, ich habe, ja, natürlich habe ich Zeit.«

»Gut. Dann hole ich dich morgen ab. Und wir fahren. F-a-a-a-h-r-e-n«, wiederholte er, dehnte die Buchstaben dabei und machte mit den Händen eine Bewegung, als umgreife er ein Lenkrad.

»Wohin?«

»Mal sehn. Wie lange kannst du?« fragte Vince zurück.

»Ich weiß nicht.«

»Denkst du, du hast genug Zeit?«

»Ja, das denke ich.«

»Das ist gut«, sagte Vince und strich sein Haar zurück.

Er blieb eine Weile stehen, und wir schauten uns an, ohne etwas zu sagen. Jemand lief durch den Hausflur und öffnete einen Briefkasten.

»Da ist Post gekommen«, sagte Vince.

»Ja, jemand hat einen Brief bekommen«, erwiderte ich.

Als ich hörte, wie Vince unten die Haustür ins Schloß fallen ließ, stürzte ich zum Fenster und sah ihm hinterher. Er ging die Straße hinunter, hob die Hand und winkte mir, ohne sich umzudrehen. Er wußte, daß ich ihm nachschaute. Ich begann, Kleider aus dem Schrank zu zerren und wieder zurückzulegen, rechnete aus, wie lange ich wegbleiben konnte, und stellte mir vor, wohin mich Vince bringen würde. Nachts setzte ich mich ins Küchenfenster mit Blick zum Hof und sah dabei zu, wie die Lichter nacheinander ausgingen. Ich wartete, bis alle Geräusche im Haus verstummt waren.

Wir verbrachten sieben Tage miteinander. Nur wenn uns die Erschöpfung erwischte, schliefen wir. Wir hielten uns wach. Es tat weh, die Augen zu schließen. »Wir machen es wie die Indianer«, sagte Vince, »zwanzig Minuten Schlaf und nicht mehr.« Es reichte uns.

Wir waren Richtung Nordosten gefahren, hatten das Auto im Feld abgestellt und auf den Rücksitzen geschlafen. Wir hatten zum Sternenhimmel geschaut und unsere Zähne im Freien geputzt. Vince hatte mich mit Kuchen geweckt, und wir waren in einem kleinen Städtchen ins Stehcafé der Fußgängerzone gegangen. Vince hatte sich dort den Schlüssel für ein Haus besorgt, das ganz in der Nähe einsam hinter einem See lag. Es war ein großes Haus, mit blinden Spiegeln in der Eingangshalle und hohen Flügeltüren zur Terrasse. Aus den Hähnen kam dunkles Wasser. Staubflokken lagen auf dem Parkett. »Es ist kein Serienmörder oder so, der hier seine Frauen erledigt hat, oder?« fragte ich Vince verunsichert. Vince lachte und versuchte, ein Feuer im Kamin zu machen. »Nein, bestimmt nicht«, sagte er.

Obwohl es schon kühl war, verbrachten wir ein paar Nächte draußen auf zwei alten Liegen, mit Blick auf den

See. Wenn ich eine Sternschnuppe sah, wünschte ich mir, wir würden ewig so zusammenbleiben. Wir hüllten uns in dicke Wolldecken und wachten morgens am See auf, wenn ein großer Vogel übers Wasser glitt oder sich neben uns etwas bewegte und verschwand. Zeigte sich die Sonne, liefen wir durch den nahen Wald, den Sonnenstrahlen hinterher. Vince legte seine Jacke um meine Schultern, wenn ein Wind aufkam. Er versuchte nicht, mich zu berühren. Unsere Blicke reichten aus. »Ein Leben unter der Glasglocke ist das hier«, sagte Vince.

Vince ließ seinen Bart wachsen und benutzte Zahnbürsten, die noch in einem Glas im Badezimmer steckten. Wenn wir baden wollten, kochten wir Wasser in großen Töpfen und schütteten es in die Wanne. Sobald Vince unter dem Schaum lag, stellte ich Kerzen auf, die vor einem undichten Fenster flackerten und unruhige Schatten an die Wände warfen. »Das ist schön«, sagte Vince und tauchte unter.

Bei Regen saßen wir am Küchenfenster. Vince erklärte das Trommeln an die Scheiben zu seinem liebsten Geräusch. Er fotografierte die Regentropfen mit seiner Polaroid, legte die Bilder auf die Terrasse, sobald die Sonne wieder herauskam, und sagte: »Nur so, zur Erinnerung.« Er machte Bilder vom Fenster, immer wieder vom selben Ausschnitt und breitete sie auf dem Küchentisch aus. Das Fenster beschlagen, das Fenster naß, das Fenster trocken, geöffnet, geschlossen.

Wenn wir nicht draußen schliefen, legten wir uns in das ehemalige Ankleidezimmer auf zwei Matratzen, die auf dem Boden lagen. Wir blieben wach, bis sich die Sonne ankündigte und öffneten dann die Fenster und Läden. In alten Schränken entdeckten wir Dinge, die wir überzogen. Ich im Pelz, und Vince mit einer Russenmütze, deren Seiten er nach oben klappte. Sogar so gefiel er mir.

Vince kochte für uns, auch wenn wir kaum Hunger hatten. Er hatte eine Tasche voller Gewürze gepackt, aus der ich jeden Abend mit geschlossenen Augen eine Dose fischte. Wir fuhren durch die Gegend, egal, ob es regnete oder die Sonne schien. Irgendwo legten wir uns hin, schliefen zwanzig Minuten, und Vince sagte, das Paradies ist überall. Er drängte mich, und ich trug ihm eines meiner alten Gedichte vor. »Peinlich, oder?« fragte ich, und Vince antwortete: »Du weißt, wie gut es ist.« Dann spielte er Szenen aus einem Film nach, und ich schaute ihm lachend dabei zu.

»Du hast so eine Art Radius-Geschick, oder?« fragte ich. »Alle, die sich dir nähern, wollen bleiben.«

»Ist das deine Angst?« fragte Vince zurück.

»Vielleicht«, antwortete ich.

Die Tage vergingen zu schnell. Vince breitete hin und wieder seine Arme aus, drehte sich und rief in den Wald hinein: »Hey, kann mal jemand diesen Zeitraffer abstellen?!« Im Städtchen kauften wir von unserem Dreißig-Mark-Tagesetat ein. Vince liebte es, in der Fußgängerzone im Stehcafé etwas zu trinken. »Das bringt mich so runter«, erklärte er. Wenn wir dort standen oder durch die Straßen liefen, dachte ich, jeder müsse es sehen. Das, was mit uns los war.

Am letzten Abend lief Vince vor mir durch die Dunkelheit zum See. Er trug eine Laterne, die ihr unruhiges Licht auf den Waldboden warf. Wir standen lange am Seeufer, und es fiel uns nichts mehr ein, was wir hätten sagen können. Ich hörte auf das leise Plätschern der Wellen, die der Wind in unsere Richtung trieb. Auf dem Weg zurück lief Vince ganz nah neben mir. Ich hatte keine Angst mehr davor, daß er mich anfassen würde. In der Küche machte Vince Feuer, legte sich vor mir auf den Boden, verschränkte die Arme hinter dem Kopf und schloß seine Augen. Ich schaute auf ihn, wie er dort lag. Auf sein Haar, auf seine Hände, auf alles.

Vince verzog seine Lippen zu einem Lächeln.

»Weißt du, was ich dachte, als ich dich zum erstenmal sah?«

»Was?«

»Ich dachte: Ich will sie haben.«

»Wann war das?«

»Spätestens, als du den Mond angeschaut hast«, sagte Vince.

»Was heißt *haben*?« fragte ich.

Vince öffnete seine Augen. Er tat entsetzt. »Du weißt nicht, was *haben* bedeutet? Hat dich etwa nie jemand *gehabt*? Hast du nie jemanden *gehabt*? Nie?«

Er stand auf, kam dicht an mich heran und wartete einen Moment lang. Dann fuhr er langsam mit den Fingern über meinen Arm und fragte: »Wo spürst du das?« Ich sagte, hier, und zeigte auf meinen Hals. »Und das?« fragte Vince und küßte meinen Nacken, ein paar Mal. Hier, sagte ich, und deutete auf meine Brust. Ich kippte nach hinten, gegen den Spülstein, gegen den Wasserhahn. Wir berührten uns mit nassen Händen, verspritzten Wasser. »Das ist gut gegen die drohende Bewußtlosigkeit«, sagte Vince leise.

Später kochte er für uns Spaghetti, wickelte so viele er konnte auf eine Gabel und schlang sie hinunter. »Von deiner Art zu essen kann man nicht gerade auf deine Art, Liebe zu machen, schließen«, sagte ich. Vince lachte. Er hatte seine Jeans wieder angezogen. Er war barfuß, und ich behielt seinen Bauchnabel im Blick.

»Wir sollten Christoph ein Schloß kaufen. Wenigstens eine Yacht«, sagte Vince.

»Ja, und du könntest ihm etwas vortanzen. Er hat gesagt, du tanzt wie ein Gott.«

Vince lachte. »Soll ich es dir zeigen?«

»Ja.«

Vince legte die Gabel beiseite, sang etwas von Nick Cave, lief ein paar Schritte, glitt auf den Knien zurück zu mir, sprang zum Fenster, öffnete die Flügeltüren und tanzte auf der Terrasse weiter. Das goldene Herz an seiner Kette hüpfte. Er verbeugte sich keuchend, und ich klatschte.

»Wenn etwas beginnt, hört es auch schon wieder auf«, sagte ich nach einer Weile und schaute zu Boden. »Ich kenne dieses Gefühl. Ich habe es, wenn der Winter kommt. Es ist so, als lasse man etwas von einer Brücke fallen und sehe dann dabei zu, wie es fällt«, fuhr ich fort.

Vince blieb still.

Am nächsten Morgen packten wir stumm unsere Sachen. Ich nahm den Stapel Polaroids vom Küchentisch. Vince hatte Datum und Uhrzeit auf die Fotos geschrieben. Unter den Fensterausschnitten stand: Hannah kocht Kaffee. Hannah kämmt ihr Haar. Hannah liegt da und schläft. Hannah lächelt ihr Lächeln. Jeder Satz begann mit meinem Namen. Zu sehen war immer nur ein Teil des Fensters, mal dunkel, mal hell.

Ein letztes Mal gingen wir hinunter zum See. Vince versuchte, mich aufzumuntern. Er sagte: »Auf Wiedersehen, Vogel. Auf Wiedersehen, Waldgeraschel. Auf Wiedersehen, Liege. Auf Wiedersehen, Wolldecken. Auf Wiedersehen, Wellen.« Ich warf einen letzten Blick auf das Haus, während Vince die Läden schloß.

»Wie oft machst du das?« fragte ich ihn später, als wir im Wagen saßen und zurückfuhren.

»Was meinst du?«

»Hier rauskommen, den Schlüssel holen, jemanden dabeihaben, du weißt schon.«

»Du kannst es nicht glauben, oder?«

»Ich weiß nicht«, sagte ich.

Vince kramte eines der Polaroids hervor und zeigte mit dem Finger auf das, was er unter den Fensterausschnitt geschrieben hatte: Hannah hat die weltschönsten Blicke.

»Noch deutlicher kann ich kaum werden«, sagte Vince, und sein Ton war etwas schärfer geworden. Mir schien es, als würde er jetzt mit dem Wagen die Landschaft zerschneiden. Ich schaute etwas beschämt hinunter auf meine Arme, die anfingen, die Farbe des Sommers zu verlieren. Ich nahm einen Kuli aus dem Handschuhfach und malte ein blaues Herz auf Vinces Hand, dort, wo Daumen und Zeigefinger zusammenlaufen. Vince schaute kurz darauf und sagte, rot müßte es sein. Ein paar Kilometer weiter fuhr er den Wagen an die Seite, schaltete den Motor ab, legte seine Hand in meinen Nacken und fragte: »Wie lange brauchst du, um deine Sachen zu packen?«

»Vielleicht zehn Minuten«, antwortete ich, ohne lange zu überlegen.

An einem Kiosk kauften wir eine Jagdzeitung, in der genügend Schlösser abgebildet waren, und ein Segelmagazin mit einer Serie über Luxusjachten. Wir rissen ein paar Seiten mit den besten Bildern heraus, und Vince schrieb darauf: *Welches willst du?* oder *Wir dachten, das wäre etwas für dich.* Dann setzte er unsere Namen darunter, und wir warfen die Blätter als gefaltetes Päckchen in Christophs Briefkasten.

Wenig später stürmte ich durchs Treppenhaus zur Wohnung meines Bruders, schmiß meine Taschen aufs Bett und leerte die wenigen Schubladen, die man mir überlassen hatte. Auf den Küchentisch legte ich eine Nachricht: »Es ist passiert. Ich muß ein Schloß aussuchen. Kuß: H.« Ich raste die Treppe hinunter, blieb vor der Haustür stehen und zögerte einen Augenblick lang, bevor ich sie öffnete. Vince nahm mir das Gepäck ab, ließ mich einsteigen und warf die Taschen auf die Hintersitze. »Lust auf einen Stehkaffee?« fragte er durchs Fenster. Ich nickte und legte meine Hände kurz an seine Wangen. Vince ging um die Kühlerhaube herum zur Fahrerseite. Ich lehnte mich zurück und schaute ihm nach. Er hatte seine Kette abgezogen und sie über den Sonnenschutz auf meiner Seite gehängt. Vor meinen Augen pendelte ein dickes goldenes Herz.

Isabel Allende
Ester Lucero

Sie brachten ihm Ester Lucero auf einer improvisierten Trage, sie blutete wie ein Schlachttier und hatte die dunklen Augen weit aufgerissen vor Entsetzen. Als der Arzt Angel Sánchez sie sah, verlor er zum erstenmal seine sprichwörtliche Ruhe, und das aus gutem Grund, denn er war in sie verliebt seit dem Tag, da er sie zum erstenmal sah, und da war sie noch ein Kind gewesen. Zu jener Zeit hatte sie ihre Puppen noch nicht weggepackt, er dagegen kehrte, um tausend Jahre gealtert, von seinem letzten ruhmreichen Feldzug zurück. Er kam an der Spitze seiner Kolonne in die kleine Stadt, auf dem Dach eines Kleinlasters sitzend, ein Gewehr über den Knien, mit einem monatealten Bart und einer für immer in der Leistengegend steckengebliebenen Kugel, aber so glücklich, wie er es nie zuvor gewesen war. Inmitten der Menge sah er das Mädchen, das ein rotes Papierfähnchen schwenkte und wie alle anderen den Befreiern zujubelte. Er war Mitte dreißig und sie um die zwölf, aber Angel Sánchez ahnte in den zarten und doch festen Gliedern und dem tiefen Blick des Kindes die Schönheit, die heimlich im Werden war. Er beobachtete sie vom Wagen herab und war schon fast überzeugt, daß sie eine Vision sein mußte, aus der Hitze der Sümpfe und dem Siegesrausch aufgestiegen, aber als er in dieser Nacht keinen Trost in den Armen der Eintagsbraut fand, die ihm zugefallen war, wurde ihm klar, daß er nach diesem Geschöpf suchen mußte, zumindest um herauszufinden, ob sie ein Blendwerk gewesen war.

Am folgenden Tag, als die stürmischen Straßenfeiern verrauscht waren und die Aufgabe gelöst werden wollte, die Welt in Ordnung zu bringen und die Trümmer der Diktatur wegzukehren, machte Sánchez sich auf die Suche durch den Ort. Sein erster Gedanke waren die Schulen, aber er erfuhr, daß sie seit dem letzten Kampf noch geschlossen waren, und so mußte er von Tür zu Tür gehen. Nach ein paar Tagen geduldiger Wanderung und als er schon glaubte, das Mädchen sei eine Täuschung seines erschöpften Herzens gewesen, kam er an ein winziges blaugestrichenes Haus, dessen Front zahlreiche Kugelspuren aufwies und dessen einziges Fenster sich zur Straße öffnete ohne mehr Schutz als seine geblümten Vorhänge. Er rief einigemal, ohne Antwort zu erhalten, dann entschloß er sich einzutreten. Das Innere war nur ein einziger, ärmlich möblierter Raum, kühl und dämmrig. Er durchquerte ihn, öffnete die Tür und stand in einem weitläufigen Patio voller Gerätschaften und Gerümpel, mit einer Hängematte unter einem Mangobaum, einem Waschtrog, einem Hühnergehege im Hintergrund und einem Überfluß an Blechbüchsen und Tontöpfen, in denen Kräuter, Grünzeug und Blumen wuchsen. Hier fand er endlich, was er geträumt zu haben glaubte. Ester Lucero stand barfüßig da, in einem Kleid aus Hanfleinen, die Haarmähne im Nacken mit einem Schnürsenkel zusammengefaßt, und half ihrer Großmutter, die Wäsche in der Sonne auszubreiten. Als die beiden ihn sahen, wichen sie unwillkürlich zurück, denn sie hatten gelernt, Männern in Stiefeln zu mißtrauen.

»Haben Sie keine Angst, ich bin ein Genosse«, stellte er sich vor, die speckige Baskenmütze in der Hand. Von diesem Tag an beschränkte Angel Sánchez sich darauf, Ester Lucero schweigend zu begehren, denn er schämte sich dieser unmöglich zu gestehenden Leidenschaft für ein unreifes Kind. Ihretwegen lehnte er es ab, in die Hauptstadt zu gehen, als die Beute, die Anteile an der Macht, verteilt wurde, und zog es vor, das einzige Krankenhaus in dieser entlegenen Kleinstadt zu übernehmen. Er trachtete nicht danach, die Liebe außerhalb seiner Einbildungskraft zu vollziehen. Er lebte von einfachsten Freuden: sie zur Schule vorübergehen zu sehen, sie zu behandeln, als sie sich an den Masern angesteckt hatte, ihr Obstsäfte zu besorgen, als Milch, Eier und Fleisch nur für die Kleinsten ausreichten und die übrigen sich mit Bananen und Mais begnügen mußten, und sie in ihrem Patio zu besuchen, wo er es sich auf einem Stuhl bequem machte und sie unter dem wachsamen Auge der Großmutter in die Geheimnisse der Mathematik einführte. Ester nannte ihn schließlich Onkel, weil ihr keine passendere Anrede einfiel, und die alte Frau nahm seine Gegenwart hin als ein weiteres unerklärliches Rätsel der Revolution.

»Was kann einem gebildeten Mann, Doktor, Chef des Krankenhauses und Held des Vaterlandes, an dem Geschwätz einer Alten und dem Schweigen ihrer Enkelin liegen?« fragten sich die Klatschtanten des Ortes.

In den folgenden Jahren erblühte das Mädchen, wie das zu gehen pflegt, aber Angel Sánchez glaubte in ihrem Fall, das sei ein Wunder. Er war sicher, daß die Sinne jedes Mannes in Aufruhr gerieten, der sie vorübergehen sah, so wie es ihm geschah, deshalb verwunderte es ihn, daß es um Ester nicht von Bewerbern wimmelte. Er wurde von verwirrenden Gefühlen gepeinigt: Eifersucht auf alle Männer, anhaltender Schwermut – Frucht der Verzweiflung – und dem höllischen Fieber, das ihn zur Stunde der Siesta heimsuchte, wenn er sich das Mädchen vorstellte, nackt und feucht, wie es im Dunkel des Zimmers mit schamlosen Gesten nach ihm rief. Niemand erfuhr jemals von seinen stürmischen Seelenzuständen. Die Selbstbeherrschung, zu der er sich zwang, wurde ihm zur zweiten Natur, und so erwarb er den Ruf, ein guter Mensch zu sein. Die Matronen der kleinen Stadt wurden es schließlich müde, ihm eine Frau zu suchen, und akzeptierten es, daß der Doktor ein bißchen seltsam war.

»Ein Schwuler scheint er nicht zu sein«, meinten sie, »aber vielleicht hat die Malaria oder die Kugel, die er irgendwo zwischen den Beinen hat, ihm den Geschmack an den Frauen verdorben.«

Angel Sánchez grollte seiner Mutter, daß sie ihn zwanzig Jahre zu früh in die Welt gesetzt hatte, und seinem Schicksal, das seinen Körper und seine Seele mit so vielen Narben übersät hatte. Er betete, daß eine Laune der Natur die Harmonie verzerren und Esters Ausstrahlung verdunkeln möge, damit niemand ahnte, daß sie die schönste Frau dieser Welt und jeder möglichen anderen war. Als sie sie daher an diesem unseligen Donnerstag auf der Trage ins Krankenhaus brachten, die Großmutter vorneweg und ein Schwanz von Neugierigen hinterdrein, schrie der Doktor laut auf. Und als er die Decke hochhob und die entsetzliche Wunde sah, die das junge Mädchen buchstäblich durchbohrte, glaubte er, er hätte dieses Unheil bewirkt, weil er so sehr gewünscht hatte, daß sie niemals einem anderen Mann gehören sollte.

»Sie ist auf den Mango im Patio geklettert, ist abgerutscht und hat sich auf dem Pflock aufgespießt, an dem wir die Gans anbinden«, erklärte die Großmutter.

»Arme Kleine, sie ist ja gepfählt wie ein Vampir. Es war gar nicht leicht, sie loszumachen«, sagte der Nachbar, der sie tragen half.

Ester schloß die Augen und wimmerte leise.

Von diesem Augenblick an focht Angel Sánchez ein persönliches Duell mit dem Tod aus. Er operierte das Mädchen, gab ihm Spritzen, machte ihm Bluttransfusionen, fütterte es mit Antibiotika, aber nach zwei Tagen wurde offenkundig, daß das Leben durch die Wunde entfloh wie ein unaufhaltsamer Strom. Auf einem Stuhl neben der Sterbenden sitzend, stützte er den Kopf gegen das Fußende, überwältigt von Anspannung und Kummer, und schlief ein wie ein Neugeborenes. Der Schlaf dauerte nur ein paar Minuten. Während er von riesigen Fliegen träumte, irrte sie verloren durch die Alpträume ihres Todeskampfes, und so begegneten sie einander in einem Niemandsland, und in ihrem gemeinsamen Traum klammerte sie sich an seinen Arm und bat ihn, sie nicht aufzugeben, sich nicht vom Tod besiegen zu lassen. Angel Sánchez fuhr erwachend hoch, und sofort war ganz deutlich die Erinnerung an Negro Rivas da und an das aller Vernunft widersprechende Wunder, das ihm das Leben zurückgegeben hatte. Er rannte hinaus und stieß auf dem Gang mit der Großmutter zusammen, die in endlose gemurmelte Gebete versunken war.

»Bete weiter, ich bin in fünfzehn Minuten zurück!« rief er ihr zu und verschwand.

Zehn Jahre zuvor, als Angel Sánchez mit seinen Genossen durch den Urwald marschierte, sich durch wucherndes Gestrüpp kämpfte, unsäglich gequält von Moskitos und von der Hitze, immer wieder in die Enge getrieben, immer wieder die Soldaten der Diktatur in einen Hinterhalt lockend, als sie nicht mehr als eine Handvoll verrückter Schwärmer waren, als sie monatelang keine Frau gerochen und keine Seife auf dem Körper gespürt hatten, als der Hunger und die Angst eine zweite Haut geworden und das einzige, was sie in Bewegung hielt, die Verzweiflung war, als sie überall Feinde sahen und selbst ihren eigenen Schatten nicht trauten, da geschah es eines Tages, daß Negro Rivas über den Rand einer Schlucht stürzte, metertief hinabrollte und dumpf wie ein Beutel Lumpen aufschlug. Seine Gefährten brauchten zwanzig Minuten, um mit Stricken zwischen spitzen Steinen und krummen Baumstämmen hinabzuklettern, wo sie ihn ins Dickicht vergraben fanden, und sie brauchten fast zwei Stunden, um ihn, der blutüberströmt war, hochzuhieven.

Negro Rivas, ein tapferer, fröhlicher Riese, der gern und viel sang und stets bereit war, sich einen schwächeren Kameraden auf den Rücken zu laden, war aufgeschlitzt wie ein Granatapfel, die Rippen lagen bloß, und eine tiefe Wunde zog sich von der Schulter bis zur Mitte der Brust. Sánchez hatte zwar eine Instrumententasche für Notfälle dabei, aber dies überforderte seine bescheidenen Möglichkeiten beträchtlich. Ohne die geringste Hoffnung nähte er die Wunde, verband sie mit Stoffstreifen und verabreichte dem Verletzten, was an Medikamenten da war. Sie legten Negro Rivas auf ein zwischen zwei Ästen befestigtes Stück Zeltplane und trugen ihn so immer abwechselnd, bis ihnen klar wurde, daß jede Erschütterung eine Minute Leben weniger bedeutete, denn ihm floß der Eiter heraus wie aus einer Quelle, und er redete im Fieberwahn von Leguanen mit Frauenbrüsten und von unheilbringenden bösen Geistern.

Sie wollten gerade ihr Lager aufschlagen, um ihn in Frieden sterben zu lassen, als einer am Rand einer Grube mit schwarzem Wasser zwei Indios entdeckte, die sich freundschaftlich lausten. Ein Stück dahinter, im dichten Urwalddunst versunken, lag das Dorf. Es war ein in einem fernen Zeitalter verharrender Stamm, ohne mehr Berührung mit diesem Jahrhundert als durch irgendeinen unerschrockenen Missionar, der ihnen erfolglos die Gebote Gottes gepredigt hatte, und, was schwerer wiegt, ohne jemals von einem Aufstand gewußt oder den Schrei »Vaterland oder Tod« gehört zu haben. Trotz aller Verschiedenheit und trotz der sprachlichen Hindernisse begriffen die Indios, daß diese erschöpften Männer keine große Gefahr darstellten, und hießen sie schüchtern willkommen. Die Rebellen zeigten auf den Sterbenden. Einer der Indios, der ihr Häuptling zu sein schien, führte sie zu einer Hütte, die im ewigen Dämmerlicht stand und wo es bestialisch nach Urin und Kot stank. Hier legten sie Negro Rivas auf eine Strohmatte, und alle seine Gefährten und der ganze Stamm umgaben ihn. Nach einer kleinen Weile erschien der Medizinmann in seinem zeremoniellen Schmuck mit Ketten aus Lianenblüten um den Hals. Der Kommandant erschrak, als er die fanatischen Augen und die Dreckkruste auf seinem Körper sah, aber Angel Sánchez erklärte ihm, daß man nichts mehr für den Verletzten tun könne, und was auch immer der Zauberer zustande brächte – und sei es auch nur, ihm sterben zu helfen –, wäre jedenfalls besser als nichts. Der Kommandant befahl seinen Männern, die Waffen abzulegen und Schweigen zu bewahren, damit dieser merkwürdige halbnackte Weise sein Amt ohne Ablenkung ausüben konnte.

Zwei Stunden später war das Fieber gesunken, und Negro Rivas konnte Wasser trinken. Am folgenden Tag wiederholte der Medizinmann seine Behandlung. Als es Abend wurde, saß der Kranke schon und aß einen dicken Maisbrei, und zwei Tage später versuchte er die ersten Schritte, und die Wunde heilte mit unglaublicher Schnelligkeit. Während die übrigen Guerilleros den Fortschritten des Genesenden zusahen, durchwanderte Angel Sánchez mit dem Medizinmann die Gegend und sammelte Pflanzen in seine Tasche. Jahre später wurde Negro Rivas Polizeichef in der Hauptstadt und erinnerte sich nur dann daran, daß er einmal beinahe gestorben wäre, wenn er eine neue Frau umarmen wollte und die ihn unweigerlich fragte, was das für eine lange Narbe sei, die ihm die Brust in zwei Teile teilte.

Wenn ein nackter Indio Negro Rivas retten konnte, dann werde ich Ester Lucero retten, und wenn ich einen Pakt mit dem Teufel schließen muß, dachte Angel Sánchez, während er sein Haus kopfstellte auf der Suche nach den Pflanzen, die er all diese Jahre aufgehoben und bis zu diesem Augenblick völlig vergessen hatte. Er fand sie in Zeitungspapier eingewickelt, vertrocknet und zerbröselnd, auf dem Grund eines zerbeulten Koffers neben einem Heft mit Gedichten, einer Baskenmütze und anderen Erinnerungen an den Krieg. Der Arzt jagte wie ein Verfolgter in der bleiernen Hitze, die den Asphalt schmolz, ins Krankenhaus zurück. Er nahm die Treppen in großen Sprüngen und stürzte schweißgebadet in Esters Zimmer. Die Großmutter und die Krankenschwester sahen ihn vorbeirennen und folgten ihm bis an das Guckfenster in der Tür. Befremdet beobachteten sie, wie er den weißen Kittel auszog, das Baumwollhemd, die dunkle Hose, die Schuhe mit den Gummisohlen, die er immer trug, und die auf dem Schwarzmarkt gekauften ausländischen Socken. Dann sahen sie entsetzt, wie er auch die Unterhose auszog und nackt wie ein Rekrut dastand. »Heilige Maria, Mutter Gottes!« rief die Großmutter aus.

Durch das Guckfenster verfolgten sie, wie der Doktor das Bett in die Zimmermitte schob und, nachdem er Ester einige Sekunden beide Hände auf den Kopf gelegt hatte, einen rasenden Tanz rund um die Kranke begann. Er hob die Knie bis an die Brust, beugte sich tief herab, schwang wild die Arme, schnitt groteske Grimassen, ohne auch nur einen Augenblick den inneren Rhythmus zu verlieren, der seinen Füßen Flügel gab. Eine halbe Stunde hörte er nicht auf, wie ein Wahnsinniger zu tanzen, ohne gegen die Sauerstoffflaschen und die Tropfständer zu stoßen. Dann zog er ein paar trockene Blätter aus der Kitteltasche, warf sie in eine Schüssel, bearbeitete sie mit der Faust, bis er sie zu schwarzem Pulver zerdrückt hatte, spuckte ausgiebig darauf, vermischte alles zu einer Paste und ging damit zu der Sterbenden. Die Frauen sahen, wie er die Verbände abwickelte und, so meldete die Schwester in ihrem Bericht, »die Wunde mit der ekelerregenden Mixtur bestrich, ohne die Gesetze der Asepsis zu beachten oder die Tatsache, daß er sein Geschlecht nackt zur Schau stellte«. Als der Doktor fertig war, setzte er sich einfach auf den Boden, völlig erschöpft, aber erleuchtet von einem seligen Lächeln.

Wenn Dr. Angel Sánchez nicht der Chef des Krankenhauses und ein unbestrittener Held der Revolution gewesen wäre, hätten sie ihn in eine Zwangsjacke gesteckt und ohne große Formalitäten ins Irrenhaus verfrachtet. Aber niemand getraute sich, die Tür aufzubrechen, die er verriegelt hatte, und als der Bürgermeister sich endlich entschlossen hatte, es mit Hilfe der Feuerwehr doch zu tun, waren schon vierzehn Stunden vergangen, und Ester Lucero saß mit offenen Augen im Bett und betrachtete vergnügt ihren Onkel Angel, der wieder alles ausgezogen hatte und die zweite Behandlungsphase mit weiteren Ritualtänzen einleitete. Zwei Tage später, als die eigens aus der Hauptstadt entsandte Kommission des Gesundheitsministeriums ankam, spazierte die Kranke am Arm ihrer Großmutter über den Gang, und der ganze Ort wanderte durch das Krankenhaus, um das wiederauferstandene Mädchen zu sehen, und der Leitende Direktor, tadellos korrekt gekleidet, empfing die Kollegen hinter dem Schreibtisch. Die Kommission versagte es sich, im einzelnen nach den ungewöhnlichen Tänzen des Arztes zu fragen, und verwandte ihre Aufmerksamkeit darauf, sich nach den wunderwirkenden Pflanzen des Medizinmannes zu erkundigen.

Einige Jahre sind vergangen, seit Ester Lucero vom Mangobaum fiel. Das junge Mädchen hat inzwischen einen netten Mann geheiratet, einen Inspektor beim Luftreinhaltungsamt, und ist in die Hauptstadt gezogen, wo sie ein kleines Mädchen zur Welt gebracht hat mit zarten und festen Gliedern und tiefen dunklen Augen. Ihrem Onkel Angel schickt sie von Zeit zu Zeit Karten, die mit orthographischen Fehlern gespickt sind. Das Gesundheitsministerium hat vier Expeditionen nacheinander losgeschickt, die die Wunderkräuter im Urwald suchen sollen, aber ohne Erfolg. Die Pflanzenwelt hat das Eingeborenendorf verschluckt und mit ihm die Hoffnung auf ein wissenschaftlich gestütztes Medikament gegen sonst unheilbare Unfallschäden.

Doktor Angel Sánchez ist allein geblieben, ohne weitere Gesellschaft als das Bild Ester Luceros, die ihn zur Stunde der Siesta in seinem Zimmer besucht und ihm in einem immerwährenden Bacchanal die Seele verbrennt. Das Ansehen des Arztes ist in der ganzen Gegend sehr gewachsen, denn man kann ihn in Eingeborenensprachen mit den Sternen reden hören.

Anton Tschechow
Von der Liebe

Am nächsten Tag gab es zum Frühstück sehr leckere Pastetchen und gebratene Klößchen aus Krebs- und Hammelfleisch; und während sie aßen, kam der Koch Nikandor nach oben, um sich zu erkundigen, was die Gäste zum Mittagessen wünschten. Er war ein mittelgroßer Mann, mit aufgedunsenem Gesicht und kleinen Augen, er war rasiert, und es schien, als sei der Schnurrbart nicht abrasiert, sondern ausgezupft.

Aljochin erzählte, daß die schöne Pelageja in diesen Koch verliebt sei. Weil er aber ein Trinker und von gewalttätigem Charakter sei, wolle sie ihn nicht heiraten, sei jedoch einverstanden, so mit ihm zusammenzuleben. Er aber war sehr fromm, und seine religiösen Überzeugungen erlaubten ihm nicht, einfach so mit ihr zu leben; er forderte, daß sie ihn heiraten solle, und wollte anders nicht, und er beschimpfte sie, wenn er betrunken war, und schlug sie sogar. Wenn er betrunken war, versteckte sie sich im oberen Stockwerk und weinte, und Aljochin und die Dienerschaft verließen das Haus nicht, um sie zu beschützen, falls es notwendig sein sollte.

Sie begannen über die Liebe zu reden.

»Wie die Liebe entsteht«, sagte Aljochin, »warum sich Pelageja nicht in jemand anderen verliebt hat, der von seinem Charakter und seinem Äußeren besser zu ihr paßt, sondern sich ausgerechnet in Nikandor verliebt hat, diese Fratze – hier bei uns nennt man ihn die Fratze –, wieweit in der Liebe Fragen des persönlichen Glücks wichtig sind – all das ist unbekannt, und all das kann man betrachten, wie man will. Bis heute ist über die Liebe nur eine unbestreitbare Wahrheit gesagt worden, und zwar folgende: ›Dies Geheimnis ist groß‹, alles übrige aber, was man über die Liebe geschrieben und gesagt hat, war keine Antwort, sondern lediglich das Stellen von Fragen, die dann unbeantwortet blieben. Eine Erklärung, die scheinbar für den einen Fall taugt, taugt für zehn andere schon nicht mehr, und meiner Meinung nach ist es das beste, jeden Fall einzeln zu erklären und nicht zu versuchen zu verallgemeinern. Man muß, wie die Mediziner sagen, jeden Einzelfall individualisieren.«

»Vollkommen richtig«, stimmte Burkin ihm zu.

»Wir Russen, anständige Leute, haben eine besondere Vorliebe für diese Fragen, die ohne Antwort bleiben. Gewöhnlich wird die Liebe poetisiert, mit Rosen und Nachtigallen geschmückt, wir aber, wir Russen, schmücken unsere Liebe mit diesen Schicksalsfragen und wählen dazu noch die uninteressantesten. In Moskau, als ich noch Student war, hatte ich eine Lebensgefährtin, eine liebenswerte Dame, die jedesmal, wenn ich sie in den Armen hielt, überlegte, wieviel ich ihr im Monat geben würde und wie teuer das Pfund Rindfleisch gerade war. So hören wir, wenn wir lieben, nicht auf, uns Fragen zu stellen: Ist es ehrenhaft oder nicht, ist es klug oder dumm, wohin wird diese Liebe führen und so weiter. Ich weiß nicht, ob das gut ist oder nicht, aber störend, unbefriedigend und aufreibend ist es, das weiß ich.«

Es sah ganz so aus, als wolle er etwas erzählen. Menschen, die einsam leben, haben immer etwas auf dem Herzen, das sie gerne jemandem erzählen würden. In der Stadt gehen die Junggesellen absichtlich ins Dampfbad oder ins Restaurant, nur um zu reden, und manchmal erzählen sie den Bademeistern oder den Kellnern sehr interessante Geschichten, auf dem Land aber schütten sie ihr Herz gewöhnlich den Gästen aus. Jetzt waren durch die Fenster ein grauer Himmel und regennasse Bäume zu sehen, bei solch einem Wetter konnte man nirgendwohin gehen, und es blieb ihnen nichts anderes übrig, als nur zu erzählen und zuzuhören.

»Ich lebe schon lange in Sofino und betreibe Landwirtschaft«, begann Aljochin, »seit ich die Universität verlassen habe. Meiner Erziehung nach verachte ich körperliche Arbeit, meiner Neigung nach bin ich ein Schreibtischmensch, aber als ich hierherkam, lag auf dem Landgut eine große Hypothek, und weil mein Vater sich zum Teil deshalb verschuldet hatte, weil er viel für meine Ausbildung aufgewendet hatte, beschloß ich, nicht von hier fortzugehen und so lange zu arbeiten, bis ich diese Hypothek abbezahlt hätte. Das beschloß ich und begann hier zu arbeiten, wie ich zugebe, nicht ohne einen gewissen Widerwillen. Der hiesige Boden gibt nicht viel her, und damit die Landwirtschaft kein Verlustgeschäft ist, muß man entweder die Arbeitskraft von Leibeigenen oder von Tagelöhnern, was fast dasselbe ist, nutzen oder die Wirtschaft nach Bauernart betreiben, das heißt, selber mit der ganzen Familie aufs Feld gehen. Einen Mittelweg gibt es nicht. Aber damals habe ich mich mit solchen Einzelheiten nicht beschäftigt. Ich habe keinen Flecken Erde in Ruhe gelassen, habe alle Bauern und Weiber aus den Nachbardörfern zusammengetrieben, bei mir wurde wie wild gearbeitet; ich habe auch selbst gepflügt, gesät, gemäht und mich dabei gelangweilt und voller Abscheu das Gesicht verzogen, wie eine Dorfkatze, die vor lauter Hunger im Gemüsegarten eine Gurke frißt; der ganze Körper tat mir weh, und ich schlief im Gehen. In der ersten Zeit schien mir, daß ich dieses Arbeitsleben leicht mit meinen kultivierten Gewohnheiten in Einklang bringen könnte; dafür mußte ich in meinem Leben nur, wie ich glaubte, eine bestimmte äußere Ordnung einhalten. Ich zog nach hier oben in die guten Zimmer und richtete es so ein, daß mir nach dem Frühstück und nach dem Mittagessen Kaffee mit Likör serviert wurde, und wenn ich mich ins Bett legte, dann las ich zum Einschlafen den ›Westnik Jewropy‹. Aber dann kam unser Geistlicher, Vater Iwan, und trank in einem Zug all meine Liköre aus; und der ›Westnik Jewropy‹ landete ebenfalls bei den Popentöchtern, denn im Sommer, besonders während der Mahd, schaffte ich es nicht mal bis in mein Bett und schlief in der Remise im Schlitten oder irgendwo in einer Waldhütte ein – und wie soll man da noch lesen? Nach und nach zog ich nach unten, fing an, in der Gesindeküche zu essen, und von all dem Luxus blieb mir nur die Dienerschaft, die schon bei meinem Vater gedient hatte und die zu entlassen mir weh täte.

In den ersten Jahren wurde ich hier zum Ehrenfriedensrichter gewählt. Ab und an mußte ich in die Stadt fahren, um an den Sitzungen des Plenums und des Kreisgerichts teilzunehmen, und das brachte mir Abwechslung. Wenn man hier zwei, drei Monate lebt, ohne fortzukommen, vor allem im Winter, dann beginnt man schließlich, sich nach einem schwarzen Gehrock zu sehnen. Und im Kreisgericht gab es Gehröcke und Uniformen und Fräcke, alle waren Juristen, Leute mit guter Allgemeinbildung; man konnte sich mit jemandem unterhalten. Nach dem Schlafen im Schlitten, nach der Gesindeküche in einem Sessel zu sitzen, in sauberer Wäsche, in leichten Schuhen, mit einer Kette an der Brust – was ist das für ein Luxus!

In der Stadt wurde ich herzlich aufgenommen, und ich machte bereitwillig Bekanntschaften. Von allen Bekanntschaften die engste und, um ehrlich zu sein, die angenehmste war für mich die mit Luganowitsch, dem stellvertretenden Kreisgerichtsvorsitzenden. Sie kennen ihn beide: eine ausgenommen liebenswürdige Persönlichkeit. Das war gerade nach dem berühmten Prozeß gegen die Brandstifter; die gerichtliche Untersuchung hatte zwei Tage gedauert, und wir waren erschöpft. Luganowitsch sah mich an und sagte:

›Wissen Sie was? Lassen Sie uns zu mir zum Essen gehen.‹

Das kam unerwartet, denn mit Luganowitsch war ich kaum bekannt, nur dienstlich, und ich war noch kein einziges Mal bei ihm zu Hause gewesen. Ich ging nur kurz auf mein Hotelzimmer, um mich umzuziehen, und machte mich auf den Weg zum Essen. Dort bot sich mir dann Gelegenheit, Anna Aleksejewna kennenzulernen, Luganowitschs Frau. Damals war sie noch sehr jung, nicht älter als zweiundzwanzig, und ein halbes Jahr zuvor hatte sie das erste Kind bekommen. Lang, lang ist's her, und es fiele mir heute schwer, genau zu sagen, was eigentlich so ungewöhnlich an ihr war, was mir an ihr so gefiel, damals jedoch, beim Essen, war für mich alles unabweisbar klar. Ich sah eine junge Frau, eine wunderschöne, gutherzige, intelligente, bezaubernde Frau, wie ich sie nie zuvor getroffen hatte; und sofort fühlte ich in ihr ein nahes, längst vertrautes Wesen, als hätte ich dieses Gesicht, diese freundlichen, klugen Augen schon einmal in meiner Kindheit gesehen, in dem Album, das bei meiner Mutter auf der Kommode lag.

Im Prozeß gegen die Brandstifter wurden drei Juden schuldig gesprochen, als Bande eingestuft, und das meiner

Meinung nach vollkommen unbegründet. Beim Mittagessen war ich sehr erregt, mir war schwer zumute, und ich weiß nicht mehr, was ich gesagt habe, nur Anna Aleksejewna schüttelte immer wieder den Kopf und fragte ihren Mann:

›Dmitri, wie kann das denn sein?‹

Luganowitsch ist ein guter Kerl, einer von diesen vertrauensseligen Leuten, die der festen Überzeugung sind, daß ein Mensch, wenn er vors Gericht kommt, auch schuldig ist und daß man seinen Zweifeln an der Richtigkeit eines Urteils nicht anders als auf dem Rechtsweg Ausdruck verleihen darf, schriftlich, aber auf keinen Fall beim Essen und nicht in einem Privatgespräch.

›Wir beide sind keine Brandstifter‹, sagte er sanft, ›und also verurteilt man uns auch nicht, steckt uns nicht ins Gefängnis.‹

Beide, Mann und Frau, nötigten mich, recht viel zu essen und zu trinken; aus einigen Kleinigkeiten, daraus zum Beispiel, wie die beiden zusammen Kaffee kochten, und daraus, wie sie sich fast ohne Worte verstanden, konnte ich schließen, daß sie friedlich und glücklich miteinander lebten und daß sie sich über ihren Gast freuten. Nach dem Essen spielten sie vierhändig auf dem Flügel, dann wurde es dunkel, und ich fuhr zu mir. Das war zu Beginn des Frühlings. Danach verbrachte ich den ganzen Sommer in Sofino, ohne fortzukommen, und ich hatte keine Zeit, an die Stadt auch nur zu denken, aber die Erinnerung an die schlanke, blonde Frau verließ mich keinen Tag; ich dachte nicht an sie, aber es war, als würde ihr leichter Schatten über meiner Seele liegen.

Im Spätherbst wurde in der Stadt eine Wohltätigkeitsvorstellung gegeben. Ich komme in die Loge des Gouverneurs (man hatte mich in der Pause dorthin eingeladen) und sehe neben der Gattin des Gouverneurs Anna Aleksejewna, und wieder derselbe unabweisbare, überschäumende Eindruck ihrer Schönheit und der lieben, zärtlichen Augen, und wieder dasselbe Gefühl von Vertrautheit.

Wir saßen nebeneinander und gingen dann ins Foyer.

›Sie sind dünn geworden‹, sagte sie. ›Waren Sie krank?‹

›Ja, ich habe mir die Schulter verkühlt, und bei regnerischem Wetter schlafe ich schlecht.‹

›Sie sehen erschöpft aus. Damals im Frühjahr, als Sie zu uns zum Essen kamen, waren Sie jünger, munterer. Sie waren damals voller Begeisterung und haben viel geredet, Sie waren sehr interessant, und ich muß zugeben, daß ich mich sogar etwas in Sie verliebt hatte. Im Laufe des Sommers sind Sie mir häufig in den Sinn gekommen, und heute, als ich mich fürs Theater fertiggemacht habe, dachte ich, ich würde Sie dort sehen.‹

Und sie lachte.

›Aber heute sehen Sie erschöpft aus‹, wiederholte sie. ›Das macht Sie älter.‹

Am nächsten Tag frühstückte ich bei den Luganowitschs. Nach dem Frühstück fuhren sie zu ihrem Sommerhaus, um dort Vorkehrungen für den Winter zu treffen, und ich fuhr mit. Gemeinsam kehrten wir auch in die Stadt zurück, und um Mitternacht trank ich bei ihnen im trauten Familienkreis Tee, während der Kamin brannte und die junge Mutter immer wieder hinausging, um nachzusehen, ob ihr Töchterchen schläft. Danach war ich jedesmal, wenn ich in die Stadt kam, unbedingt bei den Luganowitschs. Man gewöhnte sich an mich, und ich gewöhnte mich an sie. Meistens kam ich unangemeldet, ganz als gehörte ich zur Familie.

›Wer ist da?‹ klang aus den entfernten Zimmern eine gedehnte Stimme, die ich so wunderbar fand.

›Es ist Pawel Konstantinytsch‹, antwortete das Zimmermädchen oder die Kinderfrau.

Anna Aleksejewna kam mit besorgtem Gesicht zu mir heraus und fragte jedesmal:

›Warum sind Sie so lange nicht hier gewesen? Ist etwas passiert?‹

Ihr Blick, die elegante, vornehme Hand, die sie mir reichte, ihr Hauskleid, die Frisur, die Stimme, ihre Schritte machten auf mich jedesmal den Eindruck von etwas Neuem, Ungewöhnlichem in meinem Leben und von etwas Wichtigem. Wir unterhielten uns lange und schwiegen lange, wobei jeder seinen Gedanken nachhing, oder sie spielte mir auf dem Flügel vor. Wenn aber niemand zu Hause war, dann blieb ich und wartete, unterhielt mich mit der Kinderfrau, spielte mit dem Kind oder legte mich im Kabinett auf den türkischen Diwan und las Zeitung, und wenn Anna Aleksejewna zurückkam, dann begrüßte ich sie im Vorzimmer, nahm ihr die Einkäufe ab und trug diese Einkäufe aus irgendeinem Grund jedesmal mit solch einer Liebe, mit solch einem Gefühl des Triumphes, genau wie ein kleiner Junge.

Es gibt ein Sprichwort: Hat die Frau keine Sorgen, so kauft sie sich ein Ferkel. Hatten die Luganowitschs keine Sorgen, so freundeten sie sich mit mir an. Wenn ich lange nicht in die Stadt kam, dann bedeutete das, daß ich krank war oder mir irgend etwas passiert war, und sie machten sich beide große Sorgen. Sie machten sich Sorgen, weil ich, ein gebildeter Mann, der mehrere Sprachen beherrschte, statt sich mit der Wissenschaft oder einer literarischen Tätigkeit zu beschäftigen, auf dem Land lebte, mich wie ein

Hamster im Rädchen drehte, viel arbeitete, und doch immer ohne einen Groschen in der Tasche dastand. Sie glaubten, ich würde leiden, und wenn ich redete, lachte, aß, dann nur, um mein Leid zu verbergen; und sogar in fröhlichen Momenten, wenn es mir gutging, spürte ich ihre prüfenden Blicke. Besonders rührend waren sie, wenn es mir wirklich schlechtging, wenn mich ein Gläubiger bedrängte oder das Geld für eine dringende Zahlung nicht reichte; beide, Mann und Frau, flüsterten am Fenster, dann kam er zu mir und sprach mit ernstem Gesicht:

›Wenn Sie, Pawel Konstantinytsch, gegenwärtig Geld benötigen, dann bitten meine Frau und ich Sie, sich nicht zu genieren und sich etwas von uns zu leihen.‹

Und vor Aufregung wurden seine Ohren ganz rot. Und es konnte passieren, daß er genauso, nachdem sie am Fenster miteinander geflüstert hatten, mit roten Ohren zu mir kam und sagte:

›Meine Frau und ich bitten Sie inständig, dieses Geschenk von uns anzunehmen.‹

Und er überreichte mir Manschettenknöpfe, ein Zigarettenetui oder eine Lampe; und ich schickte ihnen dafür aus meinem Dorf geschlachtetes Geflügel, Butter und Blumen. Übrigens waren sie beide wohlhabende Leute. In der ersten Zeit lieh ich mir häufig Geld und war dabei nicht besonders wählerisch, lieh es mir, wo ich nur konnte; aber keine Macht der Welt hätte mich dazu bringen können, mir bei den Luganowitschs etwas zu leihen. Das versteht sich ja wohl von selbst!

Ich war unglücklich. Zu Hause, auf dem Feld, in der Scheune, überall dachte ich an sie und versuchte, das Geheimnis dieser jungen, schönen, klugen Frau zu begreifen, die einen uninteressanten Mann, fast einen Alten (ihr Mann war über Vierzig) heiratet, Kinder von ihm hat – und versuchte, das Geheimnis dieses uninteressanten Manns zu begreifen, dieses guten Kerls, dieses Einfaltspinsels, der mit so langweiligem gesunden Menschenverstand urteilt, sich auf Bällen und Abendgesellschaften an die soliden Leute hält, träge und überflüssig, mit einem ergebenen, teilnahmslosen Gesichtsausdruck, als habe man ihn hergeführt, um ihn zu verkaufen, der jedoch an sein Recht glaubt, glücklich zu sein, Kinder von ihr zu haben. Und ich versuchte immer wieder zu begreifen, warum sie ausgerechnet ihn getroffen hatte und nicht mich und wofür es gut war, daß in unserem Leben ein so schrecklicher Fehler geschehen war.

Wenn ich in die Stadt kam, dann sah ich jedesmal in ihren Augen, daß sie auf mich gewartet hatte; und sie gab mir gegenüber selbst zu, daß sie schon seit dem Morgen so ein besonderes Gefühl gehabt habe, sie ahnte immer, wann ich kam. Wir redeten lange, schwiegen, aber gestanden uns nicht unsere Liebe und verbargen sie schüchtern und eifersüchtig. Wir fürchteten uns vor allem, was uns selbst unser Geheimnis hätte enthüllen können. Ich liebte zärtlich und tief, aber ich machte mir Gedanken, ich fragte mich, wohin unsere Liebe führen würde, wenn wir nicht genug Kraft hätten, um gegen sie anzukämpfen; mir erschien es ungeheuerlich, daß meine stille, traurige Liebe plötzlich den glücklichen Gang des Lebens ihres Mannes, der Kinder und dieses ganzen Hauses, wo man mich so liebte und mir so vertraute, grob unterbrechen könnte. War das ehrenhaft? Sie würde mit mir kommen, doch wohin? Wohin könnte ich sie bringen? Es wäre etwas anderes, wenn ich ein schönes, interessantes Leben hätte, wenn ich zum Beispiel für die Befreiung der Heimat kämpfen würde oder ein bekannter Gelehrter, Schauspieler oder Künstler wäre, so aber müßte ich sie aus einer gewöhnlichen, alltäglichen Umgebung in eine ebensolche, wenn nicht noch alltäglichere bringen. Und wie lange würde unser Glück dauern? Was würde aus ihr im Falle meiner Krankheit, meines Todes oder wenn unsere Liebe einfach endete?

Und sie dachte allem Anschein nach ähnlich. Sie dachte an ihren Mann, an die Kinder und an ihre Mutter, die den Mann ihrer Tochter wie einen Sohn liebte. Wenn sie sich ihrem Gefühl überlassen würde, dann müßte sie lügen oder die Wahrheit sagen, und in ihrer Lage war das eine wie das andere gleichermaßen schrecklich und unangenehm. Und sie quälte die Frage: Würde ihre Liebe mir Glück bringen, würde sie mein Leben, das ohnehin schwer und voller Unglück war, nicht noch schwieriger machen? Sie glaubte, daß sie nicht mehr jung genug für mich sei, nicht tatkräftig und energisch genug, um ein neues Leben zu beginnen, und sie sprach häufig mit ihrem Mann darüber, daß ich ein kluges, rechtschaffenes Mädchen heiraten müsse, die eine gute Hausfrau und Helferin sei – fügte aber sofort hinzu, daß sich in der ganzen Stadt wohl kaum so ein Mädchen finden würde.

Unterdessen vergingen die Jahre. Anna Aleksejewna hatte bereits zwei Kinder. Wenn ich zu den Luganowitschs kam, lächelten die Dienstboten freundlich, die Kinder riefen, daß Onkel Pawel Konstantinytsch gekommen sei und hängten sich an meinen Hals; alle freuten sich. Sie begriffen nicht, was in meinem Herzen vorging, und dachten, daß auch ich mich freuen würde. Alle sahen in mir ein edles Wesen. Sowohl die Erwachsenen als auch die Kinder spürten, daß durch die Zimmer ein edles Wesen ging, und das gab ihrer Beziehung zu mir einen besonderen Zauber, so als sei ihr Leben in meiner Gegenwart reiner und schöner.

Anna Aleksejewna und ich gingen zusammen ins Theater, jedesmal zu Fuß; wir saßen im Parkett nebeneinander, unsere Schultern berührten sich, ich nahm schweigend das Opernglas aus ihrer Hand und fühlte die ganze Zeit, daß sie mir nahe war, daß sie mein war, daß wir ohne einander nicht leben konnten. Doch irgendein seltsames Mißverständnis führte dazu, daß wir uns jedesmal, wenn wir das Theater verließen, verabschiedeten und auseinandergingen wie Fremde. In der Stadt wurde über uns schon Gott weiß was erzählt, aber von dem, was man erzählte, war kein einziges Wort wahr.

In den letzen Jahren begann Anna Aleksejewna häufiger mal zu ihrer Mutter, mal zu ihrer Schwester zu fahren; sie hatte schon regelmäßig schlechte Laune, und ihr wurde bewußt, wie unbefriedigt, wie verpfuscht ihr Leben war; dann wollte sie weder Mann noch Kinder sehen. Sie ließ sich wegen der Zerrüttung ihrer Nerven schon ärztlich behandeln.

Wir schwiegen und schwiegen immer weiter, und vor Fremden empfand sie mir gegenüber eine eigenartige Gereiztheit; worüber auch immer ich sprach, sie stimmte mir nicht zu, und wenn ich mich stritt, dann ergriff sie für meinen Gegner Partei. Wenn ich etwas fallen ließ, dann sagte sie kalt:

›Herzlichen Glückwunsch.‹

Wenn ich beim Theaterbesuch das Opernglas vergaß, dann sagte sie später:

›Das habe ich gewußt, daß Sie es vergessen würden.‹

Glücklicherweise oder unglücklicherweise gibt es in unserem Leben nichts, was nicht früher oder später enden würde. Die Zeit der Trennung kam, denn Luganowitsch wurde in einem westlichen Gouvernement zum Vorsitzenden ernannt. Alle Möbel, die Pferde, das Sommerhaus mußten verkauft werden. Als wir zum Sommerhaus fuhren und uns dann, schon auf dem Rückweg, umblickten, um einen letzten Blick auf den Garten und das grüne Dach zu werfen, da war allen traurig zumute, und mir wurde klar, daß der Augenblick gekommen war, nicht nur vom Sommerhaus Abschied zu nehmen. Es war beschlossen worden, daß wir Anna Aleksejewna Ende August zum Zug auf die Krim bringen würden, wohin sie die Ärzte schickten, und daß Luganowitsch etwas später mit den Kindern in sein westliches Gouvernement fahren sollte.

Wir brachten Anna Aleksejewna mit großem Gefolge zur Bahn. Als sie sich von ihrem Mann und ihren Kindern bereits verabschiedet hatte und es bis zum dritten Läuten nur noch ein Moment war, rannte ich zu ihr ins Abteil, um noch einen ihrer Körbe, den sie fast vergessen hätte, auf die Ablage zu stellen; und ich mußte mich von ihr verabschieden. Als sich hier im Abteil unsere Blicke trafen, verließen uns beide die moralischen Kräfte, ich umarmte sie, sie drückte ihr Gesicht an meine Brust, und Tränen flossen aus ihren Augen; als ich ihr Gesicht küßte, die Schultern, die Hände, feucht von den Tränen – oh, was waren wir beide unglücklich! –, da gestand ich ihr meine Liebe und begriff mit einem brennenden Schmerz im Herzen, wie unnötig, kleinlich und wie trügerisch all das gewesen war, was uns daran gehindert hatte zu lieben. Ich begriff, daß man, wenn man liebt, bei seinen Gedanken über diese Liebe von etwas Höherem, von etwas Wichtigerem ausgehen muß als Glück oder Unglück, Sünde oder Tugend im gängigen Sinne, oder man braucht überhaupt nicht zu denken.

Ich küßte sie zum letzten Mal, drückte ihr die Hand, und

wir trennten uns – für immer. Der Zug fuhr bereits. Ich setzte mich ins Nachbarabteil – es war leer – und saß dort bis zur nächsten Station und weinte. Dann ging ich zu Fuß zu mir nach Hause nach Sofino …«

Während Aljochin erzählt hatte, hatte der Regen aufgehört und die Sonne war hervorgekommen. Burkin und Iwan Iwanytsch gingen auf den Balkon hinaus; von dort hatte man einen wunderbaren Blick auf den Garten und den Wehrteich, der jetzt in der Sonne glänzte wie ein Spiegel. Sie erfreuten sich an dem Anblick und bedauerten zugleich, daß dieser Mann mit den guten, klugen Augen, der ihnen so offenherzig erzählt hatte, sich hier auf dem riesigen Gutshof tatsächlich wie ein Hamster im Rädchen drehte und sich nicht mit der Wissenschaft beschäftigte oder mit etwas anderem, das ihm das Leben angenehmer machen würde; und sie dachten daran, was für ein betrübtes Gesicht die junge Dame wohl hatte, als er sich im Abteil von ihr verabschiedete und ihr Gesicht und Schultern küßte. Beide waren ihr in der Stadt begegnet, und Burkin war sogar mit ihr bekannt und fand sie schön.

Kurt Tucholsky
Ein Ehepaar erzählt einen Witz

»Herr Panter, wir haben gestern einen so reizenden Witz gehört, den *müssen* wir Ihnen ... also den *muß* ich Ihnen erzählen. Mein Mann kannte ihn schon ... aber er ist zu reizend. Also passen Sie auf.

Ein Mann, Walter, streu nicht den Tabak auf den Teppich, da! Streust ja den ganzen Tabak auf den Teppich, also ein Mann, nein, ein Wanderer verirrt sich im Gebirge. Also der geht im Gebirge und verirrt sich, in den Alpen. Was? In den Dolomiten, also nicht in den Alpen, ist ja ganz egal. Also er geht da durch die Nacht, und da sieht er ein Licht, und er geht grade auf das Licht zu ... laß mich doch erzählen! das gehört dazu! ... geht drauf zu, und da ist eine Hütte, da wohnen zwei Bauersleute drin. Ein Bauer und eine Bauersfrau. Der Bauer ist alt, und sie ist jung und hübsch, ja, sie ist jung. Die liegen schon im Bett. Nein, die liegen noch nicht im Bett ...«

»Meine Frau kann keine Witze erzählen. Laß mich mal. Du kannst nachher sagen, obs richtig war. Also nun werde ich Ihnen das mal erzählen.

Also, ein Mann wandert durch die Dolomiten und verirrt sich. Da kommt er – du machst einen ganz verwirrt, so ist der Witz gar nicht! Der Witz ist ganz anders. In den Dolomiten, so ist das! In den Dolomiten wohnt ein alter Bauer mit seiner jungen Frau. Und die haben gar nichts mehr zu essen; bis zum nächsten Markttag haben sie bloß noch eine Konservenbüchse mit Rindfleisch. Und die sparen sie sich auf. Und da kommt ... wieso? Das ist ganz richtig! Sei mal still ..., da kommt in der Nacht ein Wandersmann, also da klopft es an die Tür, da steht ein Mann, der hat sich verirrt, und der bittet um Nachtquartier. Nun haben die aber gar kein Quartier, das heißt, sie haben nur ein Bett, da schlafen sie zu zweit drin. Wie? Trude, das ist doch Unsinn ... Das kann sehr nett sein!«

»Na, ich könnte das nicht. Immer da einen, der – im Schlaf strampelt ..., also ich könnte das nicht!«

»Sollst du ja auch gar nicht. Unterbrich mich nicht immer.«

»Du sagst doch, das wär nett. Ich finde das nicht nett.«

»Also ...«

»Walter! Die Asche! Kannst du denn nicht den Aschbecher nehmen?«

»Also ... der Wanderer steht da nun in der Hütte, er trieft vor Regen, und er möchte doch da schlafen. Und da sagt ihm der Bauer, er kann ja in dem Bett schlafen, mit der Frau.«

»Nein, so war das nicht. Walter, du erzählst es ganz falsch! Dazwischen, zwischen ihm und der Frau – also der Wanderer in der Mitte!«

»Meinetwegen in der Mitte. Das ist doch ganz egal.«

»Das ist gar nicht egal ... der ganze Witz beruht ja darauf.«

»Der Witz beruht doch nicht darauf, wo der Mann schläft!«

»Natürlich beruht er darauf! Wie soll denn Herr Panter den Witz so verstehen ... laß mich mal – ich werd ihn mal erzählen! – Also der Mann schläft, verstehen Sie, zwischen dem alten Bauer und seiner Frau. Und draußen gewittert es. Laß mich doch mal!«

»Sie erzählt ihn ganz falsch. Es gewittert erst gar nicht, sondern die schlafen friedlich ein. Plötzlich wacht der Bauer auf und sagt zu seiner Frau – Trude, geh mal ans Telefon, es klingelt. – Nein, also das sagt er natürlich nicht ... Der Bauer sagt zu seiner Frau ... Wer ist da? Wer ist am Telefon? Sag ihm, er soll später noch mal anrufen – jetzt haben wir keine Zeit! Ja. Nein. Ja. Häng ab! Häng doch ab!«

»Hat er Ihnen den Witz schon zu Ende erzählt? Nein, noch nicht? Na, erzähl doch!«

»Da sagt der Bauer: Ich muß mal raus, nach den Ziegen sehn – mir ist so, als hätten die sich losgemacht, und dann haben wir morgen keine Milch! Ich will mal sehn, ob die Stalltür auch gut zugeschlossen ist.«

»Walter, entschuldige, wenn ich unterbreche, aber Paul sagt, nachher kann er nicht anrufen, er ruft erst abends an.«

»Gut, abends. Also der Bauer – nehmen Sie doch noch ein bißchen Kaffee! – Also der Bauer geht raus, und kaum ist er rausgegangen, da stupst die junge Frau ...«

»Ganz falsch. Total falsch. Doch nicht das erstemal! Er geht raus, aber sie stupst erst beim drittenmal – der Bauer geht nämlich dreimal raus – das fand ich so furchtbar komisch! Laß mich mal! Also der Bauer geht raus, nach der Ziege sehn, und die Ziege ist da; und er kommt wieder rein.«

»Falsch. Er bleibt ganz lange draußen. Inzwischen sagt die junge Frau zu dem Wanderer.«

»Gar nichts sagt sie. Der Bauer kommt rein ...«

»Erst kommt er nicht rein!«

»Also ... der Bauer kommt rein, und wie er eine Weile schläft, da fährt er plötzlich aus dem Schlaf hoch und sagt: Ich muß doch noch mal nach der Ziege sehen – und geht wieder raus.«

»Du hast ja ganz vergessen, zu erzählen, daß der Wanderer furchtbaren Hunger hat!«

»Ja. Der Wanderer hat vorher beim Abendbrot gesagt, er hat so furchtbaren Hunger, und da haben die gesagt, ein bißchen Käse wäre noch da ...«

»Und Milch!«

»Und Milch, und es wär auch noch etwas Fleischkonserve da, aber die könnten sie ihm nicht geben, weil die eben bis zum nächsten Markttag reichen muß. Und dann sind sie zu Bett gegangen.«

»Und wie nun der Bauer draußen ist, da stupst sie den, also da stupst die Frau den Wanderer in die Seite und sagt: Na ...«

»Keine Spur! Aber keine Spur! Walter, das ist doch falsch! Sie sagt doch nicht: Na ...!«

»Natürlich sagt sie: Na ...! Was soll sie denn sagen?«

»Sie sagt: Jetzt wäre so eine Gelegenheit ...«

»Sie sagt im Gegenteil: Na ... und stupst den Wandersmann in die Seite ...«

»Du verdirbst aber wirklich jeden Witz, Walter!«

»Das ist großartig! Ich verderbe jeden Witz? *Du* verdirbst jeden Witz – ich verderbe doch nicht jeden Witz! Da sagt die Frau ...«

»Jetzt laß *mich* mal den Witz erzählen! Du verkorkst ja die Pointe ...«

»Also jetzt mach mich nicht böse, Trude! Wenn ich einen Witz anfange, will ich ihn auch zu Ende erzählen.«

»Du hast ihn ja gar nicht angefangen ... *ich* habe ihn angefangen!« – »Das ist ganz egal – jedenfalls will ich die Geschichte zu Ende erzählen; denn du kannst keine Geschichten erzählen, wenigstens nicht richtig!« – »Und ich erzähle eben meine Geschichten nach meiner Art und nicht nach deiner, und wenn es dir nicht paßt, dann mußt du eben nicht zuhören ...!« – »Ich will auch gar nicht zuhören ... ich will sie zu Ende erzählen – und zwar so, daß Herr Panter einen Genuß von der Geschichte hat!« – »Wenn du vielleicht glaubst, daß es ein Genuß ist, dir zuzuhören ...« – »Trude!« – »Nun sagen Sie, Herr Panter – ist das auszuhalten! Und so nervös ist er schon die ganze Woche ... ich habe ...« – »Du bist ...« – »Deine Unbeherrschtheit ...« – »Gleich wird sie sagen: Komplexe! Deine Mutter nennt das einfach schlechte Erziehung ...« – »Meine Kinderstube ...!« – »Wer hat denn die Sache beim Anwalt rückgängig gemacht? Wer denn? Ich vielleicht? Du! Du hast gebeten, daß die Scheidung nicht ...« – »Lüge!« – Bumm: Türgeknall rechts. Bumm: Türgeknall links.

Jetzt sitze ich da mit dem halben Witz.

Was hat der Mann zu der jungen Bauersfrau gesagt?

Theodor Fontane
Richtig streiten

Und alles erhob sich, um in Gruppen zu zweien und dreien die Terrasse hinabzusteigen und zu beiden Seiten des Sees auf den schon im halben Dämmer liegenden Grunewald zuzuschreiten.

Die Hauptkolonne hielt sich links. Sie bestand, unter Vorantritt des Felgentreuschen Ehepaares (Treibel hatte sich von seiner Freundin wieder frei gemacht), aus dem Krolaschen Quartett, in das sich Elfriede und Blanca Felgentreu derart eingereiht hatten, daß sie zwischen den beiden Referendarien und zwei jungen Kaufleuten gingen. Einer der jungen Kaufleute war ein berühmter Jodler und trug auch den entsprechenden Hut. Dann kamen Otto und Helene, während Treibel und Krola abschlossen.

»Es geht doch nichts über eine richtige Ehe«, sagte Krola zu Treibel und wies auf das junge Paar vor ihnen. »Sie müssen sich doch aufrichtig freuen, Kommerzienrat, wenn Sie Ihren Ältesten so glücklich und so zärtlich neben dieser hübschen und immer blink und blanken Frau einherschreiten sehen. Schon oben saßen sie dicht beisammen, und nun gehen sie Arm in Arm. Ich glaube beinah, sie drücken sich leise.«

»Mir ein sichrer Beweis, daß sie sich vormittags gezankt haben. Otto, der arme Kerl, muß nun Reugeld zahlen.«

»Ach, Treibel, Sie sind ewig ein Spötter. Ihnen kann es keiner recht machen und am wenigsten die Kinder. Glücklicherweise sagen Sie das so hin, ohne recht dran zu glauben. Mit einer Dame, die so gut erzogen wurde, kann man sich überhaupt nicht zanken.«

In diesem Augenblicke hörte man den Jodler einige Juchzer ausstoßen, so tirolerhaft echt, daß sich das Echo der Pichelsberge nicht veranlaßt sah, darauf zu antworten.

Krola lachte. »Das ist der junge Metzner. Er hat eine merkwürdig gute Stimme, wenigstens für einen Dilettanten, und hält eigentlich das Quartett zusammen. Aber sowie er eine Prise frische Luft wittert, ist es mit ihm vorbei. Dann faßt ihn das Schicksal mit rasender Gewalt, und er muß jodeln … Aber wir wollen von den Kindern nicht abkommen. Sie werden mir doch nicht weismachen wollen« – Krola war neugierig und hörte gern Intimitäten –, »Sie werden mir doch nicht weismachen wollen, daß die beiden da vor uns in einer unglücklichen Ehe leben. Und was das Zanken angeht, so kann ich nur wiederholen, Hamburgerinnen stehen auf einer Bildungsstufe, die den Zank ausschließt.«

Treibel wiegte den Kopf. »Ja, sehen Sie, Krola, Sie sind nun ein so gescheiter Kerl und kennen die Weiber, ja, wie soll ich sagen, Sie kennen sie, wie sie nur ein Tenor kennen kann. Denn ein Tenor geht noch weit übern Lieutenant. Und doch offenbaren Sie hier in dem speziell Ehelichen, was noch wieder ein Gebiet für sich ist, ein furchtbares Manquement. Und warum? Weil Sie's in Ihrer eigenen Ehe, gleichviel nun, ob durch Ihr oder Ihrer Frau Verdienst, ausnahmsweise gut getroffen haben. Natürlich, wie Ihr Fall beweist, kommt auch *das* vor. Aber die Folge davon ist einfach die, daß Sie – auch das Beste hat seine Kehrseite –, daß Sie, sag' ich, kein richtiger Ehemann sind, daß Sie keine volle Kenntnis von der Sache haben; Sie kennen den Ausnahmefall, aber nicht die Regel. Über Ehe kann nur sprechen, wer sie durchgefochten hat, nur der Veteran, der auf Wundenmale zeigt … Wie heißt es doch? ›Nach Frankreich zogen zwei Grenadier, die ließen die Köpfe hangen‹ ... Da haben Sie's.«

»Ach, das sind Redensarten, Treibel ...«

»... Und die schlimmsten Ehen sind die, lieber Krola, wo furchtbar ›gebildet‹ gestritten wird, wo, wenn Sie mir den Ausdruck gestatten wollen, eine Kriegsführung mit Sammethandschuhen stattfindet, oder richtiger noch, wo man sich, wie beim römischen Karneval, Konfetti ins Gesicht wirft. Es sieht hübsch aus, aber verwundet doch. Und in dieser Kunst anscheinend gefälligen Konfettiwerfens ist meine Schwiegertochter eine Meisterin. Ich wette, daß mein armer Otto schon oft bei sich gedacht hat, wenn sie dich doch kratzte, wenn sie doch mal außer sich wäre, wenn sie doch mal sagte: Scheusal oder Lügner oder elender Verführer ...«

»Aber Treibel, das kann sie doch nicht sagen. Das wäre ja Unsinn. Otto ist ja doch kein Verführer, also auch kein Scheusal ...«

»Ach, Krola, darauf kommt es ja gar nicht an. Worauf es ankommt, ist, sie muß sich dergleichen wenigstens denken können, sie muß eine eifersüchtige Regung haben, und in solchem Momente muß es afrikanisch aus ihr losbrechen. Aber alles, was Helene hat, hat höchstens die Temperatur der Uhlenhorst. Sie hat nichts als einen unerschütterlichen Glauben an Tugend und Windsorsoap.«

»Nun meinetwegen. Aber wenn es so ist, wo kommt dann der Zank her?«

»Der kommt doch. Er tritt nur anders auf, anders, aber nicht besser. Kein Donnerwetter, nur kleine Worte mit dem Giftgehalt eines halben Mückenstichs, oder aber Schweigen, Stummheit, Muffeln, das innere Düppel der Ehe, während nach außen hin das Gesicht keine Falte schlägt. Das sind so die Formen. Und ich fürchte, die ganze Zärtlichkeit, die wir da vor uns wandeln sehen und die sich augenscheinlich sehr einseitig gibt, ist nichts als ein Bußetun – Otto Treibel im Schloßhof zu Canossa und mit Schnee unter den Füßen. Sehen Sie nun den armen Kerl; er biegt den Kopf in einem fort nach rechts, und Helene rührt sich nicht und kommt aus der graden Hamburger Linie nicht heraus ... Aber jetzt müssen wir schweigen. Ihr Quartett hebt eben an. Was ist es denn?«

»Es ist das bekannte: ›Ich weiß nicht, was soll es bedeuten?‹«

»Ah, das ist recht. Eine jederzeit wohl aufzuwerfende Frage, besonders auf Landpartien.«

Marian Keyes
Bis daß die Schulden euch scheiden

Den folgenden Beitrag habe ich ein Jahr nach meiner Hochzeit für Image *geschrieben, als ich noch dabei war, daraus schlau zu werden, was es bedeutet, verheiratet zu sein ...*

Als ich im Alter von zweiunddreißig Jahren heiratete, war mir klar, daß sich in meinem Leben einiges ändern würde. Natürlich hatte ich mich innerlich auf das Gefühl des Verlustes vorbereitet, das mit der Erkenntnis einherging, daß ich niemals wieder im Leben einen anderen Partner haben würde. Nie, nie wieder.

Was ich allerdings nicht erwartet hatte, war, daß sich der komplette Alltag so umfassend verändern würde. Immerhin waren mein Herzallerliebster und ich so vernünftig gewesen und hatten bereits ein paar Monate lang zusammengelebt, bevor wir vor den Altar traten. (Diese Tatsache hatte übrigens keine rein wirtschaftlichen Gründe gehabt, sondern war eine Frage des Überlebens gewesen – mein Appartement in Notting Hill war im Winter so kalt, daß ich mit Mantel zu Bett ging. Zu jener Zeit behauptete ich gern scherzhaft, daß ich jeden Mann genommen hätte, der über eine Zentralheizung verfügte.)

Also dachte ich, wir hätten einander hinreichend kennengelernt. Er hatte mich ohne Make-up gesehen. Ich hatte seine Unterhosen mit Weihnachtsmann-Druck betrachtet. Ich kannte seine Genesis-Gürtelschnalle. Er hatte versucht, ein Essen hinunterzubekommen, das ich gekocht (wenn man es denn so nennen kann) hatte. Ich hatte Fotos gesehen, auf denen er mit anderen Mädchen knutschte. Er hatte die Fotos von meiner Firmung gesehen.

Ich hatte nicht gedacht, daß es noch irgend etwas gab, womit wir einander überraschen könnten. Ich wähnte uns in Sicherheit.

Doch dann, eigentlich bereits ab dem Moment, als wir uns das Ja-Wort gaben, ernannte er mich plötzlich zur Ehefrau und damit gleichzeitig zur Großen Finderin aller Gegenstände.

Es begann aus heiterem Himmel. Eines Morgens, ein paar Tage nachdem wir von den Flitterwochen zurückgekehrt waren, rüttelte mein Herzallerliebster, der sich für die Arbeit fertigmachte, mich wach. »Kleine Schriftstellerin, pst, kleine Schriftstellerin«, zischte er. »Wach auf, kleine Schriftstellerin!«

»Hä?« machte ich mit zerzausten Haaren und Schlaf in den Augen.

»Hast du meine Manschettenknöpfe gesehen?« fragte er.

»Wie spät ist es?« murmelte ich.

»Sieben. Hast du meine Manschettenknöpfe gesehen?«

»Manschettenknöpfe?« flüsterte ich benommen. »Woher soll ich wissen, wo deine Manschettenknöpfe sind? Ich wußte nicht einmal, daß du Manschettenknöpfe *besitzt*, also laß mich weiterschlafen.«

Während er geräuschvoll in den Schubladen wühlte, zog ich mir die Bettdecke über den Kopf und führte leise Selbstgespräche. »Keine Ahnung, was mit ihm los ist ... Manschettenknöpfe ... mitten in der Nacht ... hat man so etwas schon erlebt?«

Und als ich später am Morgen erwachte, bildete ich mir ein, die ganze Geschichte geträumt zu haben. Zumindest hoffte ich das.

Vielleicht können Sie sich meinen Schock vorstellen, als er ein paar Abende später fast eineinhalb Stunden lautstark im Küchenschrank herumwühlte. Dann kam er ins vordere Zimmer marschiert – offensichtlich stinkwütend – und fragte mich in anklagendem Tonfall: »Wo ist mein silbernes Maßband?«

In diesem Augenblick beschloß ich, den Stier bei den Hörnern zu packen, mir ein Herz zu fassen und die Sache grundsätzlich zu klären. Offenbar hatte er eine Art »Wie verhalte ich mich als Ehemann«-Ratgeber gelesen, und es war höchste Zeit gegenzusteuern.

»Schau mal«, sagte ich. »Ich kenne mich mit silbernen Maßbändern nicht aus. Immerhin bin ich nur eine Frau. Und du mußt aufhören, mich zu fragen, wo deine Sachen sind. Ich habe mich seit unserer Hochzeit schließlich nicht in eine Hellseherin verwandelt.«

»Hah!« machte er und warf den Kopf in den Nacken. »Hah!«

»Was, hah?« fragte ich leicht beunruhigt.

»Hah!« wiederholte er. »Und das aus dem Munde der Frau, für die ich auf Händen und Knien ... *eine halbe Stunde lang* auf Händen und Knien herumgekrochen bin, um ihre Brille unter dem Sofa zu finden ...«

»Oh, das«, murmelte ich.

»... während sie sie die ganze Zeit auf der Nase hatte.« Er verschränkte die Arme und nickte selbstgerecht in meine Richtung. »Da stehen wir uns in nichts nach, weißt du.«

»Das war eine Ausnahme«, protestierte ich.

»Ach ja?« fragte er, der sich seiner selbst plötzlich sehr sicher zu sein schien. »Und wie kommt es, daß wir jedesmal, wenn wir irgendwohin aufbrechen wollen, in Panik geraten, weil deine Handtasche nicht auffindbar ist?«

Ich ließ den Kopf hängen.

»Nun?« Er ließ nicht locker. »Vielleicht ist sie oben im Schlafzimmer, sagst du, und ich frage, wann hast du sie denn zuletzt gesehen? Und du sagst, ich kann mich nicht erinnern. Und ich frage so lange nach, was du wann gemacht hast, bis dir schließlich einfällt, daß du sie zuletzt in der Küche hattest. Wer findet also jedesmal deine Handtasche? Ich!«

»Okay«, gab ich zu. »Du hast recht. Ich schätze, das ist es, was die Leute meinen, wenn sie sagen, man muß an einer Ehe arbeiten. Wir müssen beide daran arbeiten, unsere eigenen Sachen wiederzufinden.«

»Nein«, widersprach er. »Wir sind verheiratet, deshalb dürfen wir den anderen bitten, uns dabei zu helfen.«

Diesen Gedanken fand ich auf einmal gar nicht so übel. »Richtig, ich verstehe«, sagte ich. »Das ist also damit gemeint, wenn man sagt, die Ehe ist eine Partnerschaft.«

»Ganz genau.«

Aber es ist nicht nur unser Verhältnis, das sich durch die Hochzeit verändert hat. Ich sehe auch die Welt draußen mit anderen Augen. Kurz nachdem wir geheiratet hatten, rief ich ihn bei der Arbeit an, und eine Männerstimme fragte: »Wer ist da? Sind Sie seine Frau?«

Spontan platzte ich heraus: »Seine was? Wollen Sie mir erzählen, daß er verheiratet ist? Dieser dreckige Mistkerl, das hat er mir nie erzählt. Und ich hatte nicht einmal einen Verdacht!« Bis mir plötzlich dämmerte, daß der Mann von *mir* sprach. »Ähem, ja«, sagte ich mit verschämtem Grinsen. »Jetzt, wo Sie's sagen, ich glaube, ich *bin* seine Frau.«

Ich brauchte ungefähr ein halbes Jahr, bis es mir gelang, die Wörter »Mein« und »Mann« hintereinander auszusprechen, ohne einen hysterischen Lachanfall zu bekommen.

Es kam mir einfach völlig lächerlich vor. »Mein Mann« zu sagen fühlte sich genauso an wie damals, als ich noch ein kleines Mädchen war und mich mit Mutters Kleidern und Schuhen verkleidete. Damals war es ein Spiel gewesen, aber diesmal war es ernst.

Außerdem ist der ganze finanzielle Aspekt des Verheiratetseins völlig verrückt. Als wir heirateten, warfen wir – zumindest theoretisch – alle unsere Besitztümer zusammen. Während der Trauungszeremonie mußten wir uns einmal gegenseitig ein kleines silbernes Ding reichen und sagen: »Nimm dies hier als Zeichen für meinen ganzen Besitz.« (Als ich dran war, sagte ich: »Nimm dies hier, meinen ganzen Besitz«, weil ich vollkommen pleite war.) Es ist immer sehr leicht, theoretisch darüber zu reden, daß einem nun alles gemeinsam gehört. In der Praxis dagegen fiel es uns ziemlich schwer, die Rolle der für sich selbst sorgenden, über sich selbst bestimmenden, finanziell autonomen Einheit (in seinem Fall) und die des personifizierten Dritte-Welt-Landes (in meinem Fall) aufzugeben. Ich brauchte eine Weile, bis ich begriffen hatte, daß ich bei der Bank nicht mehr automatisch um einen neuen Kredit bitten konnte, sobald ich einen zurückgezahlt hatte.

Am Anfang fiel es mir zugegebenermaßen schwer, meine gewohnte finanzielle Unabhängigkeit aufzugeben. Der allwöchentliche Einkauf glich zu Beginn unserer Ehe einem Spaziergang über ein Minenfeld. Wir wechselten uns mit dem Bezahlen ab, eine Woche zahlte ich, dann er. Ich regte mich jedesmal furchtbar auf, wenn ich das Gefühl hatte, daß in »meiner« Woche nur Luxuslebensmittel gekauft wurden. »Schau ihn dir an«, dachte ich verbittert. »Schmeißt Familienpackungen Kaviar in den Einkaufswagen, nur weil ich mit Bezahlen dran bin. Und nächste Woche, wenn er die Kohle rausrücken muß, kann ich froh sein, wenn wir mit ein paar verbeulten Dosen Erbsen nach Hause kommen.«

Bis er mich darauf hinwies, daß es eigentlich keinen Unterschied machte, wer für was bezahlte. Und daß er gern für mich bezahlen würde, wenn ich pleite wäre. Er ist ein sehr gefühlvoller, netter, geduldiger Mann. Und ich glaube, daß ich den Bogen mit dem Verheiratetsein schon noch rauskriegen werde. Wir haben fast nie Streit – ich meine richtigen Streit, nicht diese angeregten Diskussionen über Manschettenknöpfe und Handtaschen. Aber das Beste ist, daß wir, wenn wir doch einmal streiten, sehr flexible Grenzen haben, innerhalb deren wir uns auseinandersetzen – sie können gedehnt werden, werden aber nie überschritten. Ich mag das Gefühl, daß wir beide daran arbeiten, daß es klappt.

Allerdings verlangt er gelegentlich immer noch ungewöhnliche Dinge von mir.

So wie neulich, als er sich aus heiterem Himmel mit der Frage »Hast du Briefmarken?« an mich wandte.

»Ich?« Ich schaute mich um, ob vielleicht noch jemand im Raum war, den er gemeint haben könnte. Ich hielt es für ausgeschlossen, daß er mich angesprochen hatte. »Warum sollte ich Briefmarken haben? Du kennst mich doch. Du weißt doch, wie schlecht ich organisiert bin. Und daß ich darauf stolz bin.«

»Es hätte ja sein können«, gab er schlecht gelaunt zurück. »In deinem Portemonnaie.«

»Sag mal«, hakte ich in vertrauensvollem Ton nach, »hatte deine Mutter zufällig immer Briefmarken in ihrem Portemonnaie?«

»Vielleicht«, sagte er mürrisch.

»Nun, ich bin nicht deine Mutter«, stellte ich nüchtern fest. »Übrigens, kannst du mich nachher in die Stadt mitnehmen?«

»Ich bin nicht dein Vater«, antwortete er. »Sieh zu, wie du in die Stadt kommst.«

Robert Walser
Das Ehepaar

Bei zwei Eheleuten, die bis dahin in unangefochtenem Frieden miteinander gelebt hatten, stellte sich eines Morgens, Mittags oder Abends, wie aus einer Art von weiter Ferne daherkommend, ein junger Mann ein, der durch ein bescheidenes edles Wesen sowie durch vortreffliche Manieren den günstigsten Eindruck auf sie machte, derartig, daß sie ihn mit der allerschönsten Offenherzigkeit baten, oft zu ihnen zu kommen, wodurch er ihnen, wie sie ihm sagten, eine große Freude mache. Sowohl Mann als Frau sympathisierten lebhaft mit einem jungen Mann, der bei so viel Jugend so viel augenscheinliche Ruhe, und bei so viel augenscheinlicher Kraft und Gesundheit so viel Zartheit zeigte. Sebastian, so hieß er, rief ganz besonders noch den Eindruck gründlicher jugendlicher Vereinsamung hervor, solchermaßen, daß die beiden gutherzigen Leute, indem sie sein stilles, anmutiges Benehmen bewunderten, ihn um des zarten Ausdruckes von Kummer, der seinem ganzen Auftreten anhaftete, bemitleiden mußten. Er schien bereits in jungen Jahren mannigfaltige Entbehrungen erlitten, öfters Gefahren überwunden und vielfachen Entmutigungen Trotz geboten zu haben; genug, er gefiel ihnen, und da er ihre freundliche Einladung nicht verachtete, sondern dankbar annahm, so sahen sie ihn öfters in ihrer Wohnung, und rasch gewöhnten sie sich an seine Erscheinung wie an die eines liebenswürdigen, vertraueneinflößenden Angehörigen.

Indessen, da der Gatte oft abwesend war und die Frau mit dem jungen Mann zu zweien zusammensaß, bemächtigte sich des Frauenherzens eine nicht zurückzudrängende Liebe für Sebastian, und eines Tages gab sie ihm Anlaß, daß er sie umhalste und küßte, ein Ereignis, über welches sie vor lauter Freude laut weinte. Der Gatte kam nach Hause, und es galt nun, vor dem braven Gatten etwas zu verbergen. So sah sich eine edle, gute Frau, ehrbar bis dahin bis in die Fingerspitzen, in ein Glück ohne Maß und zugleich in ein Unglück ohne Grenzen geworfen. Sie vergoß zweierlei Art von Tränen: Freudentränen, Tränen aus Lust, aber auch andere Tränen, Tränen aus Gram über den Verlust aller bisher genossenen lieblichen Unbescholtenheit. Ihr war die Liebe, die sie für ihren jugendlichen Freund fühlte, nicht so ganz ein und alles, daß sie den Wert des guten Rufes gänzlich hätte hintansetzen können. So rasch sie vermochte, eilte sie zum Mann und gestand ihm alles.

»Ich liebe«, sagte sie, »Sebastian. Was mußt nun du, lieber Mann, dazu sagen? Du schweigst, du erbleichst? Freilich hast du Grund zu erschrecken und zu erbleichen über solch ein Geständnis, das alles, was bis dahin so treulich zusammengewesen ist, auseinanderreißt. Was soll ich tun, und du, was mußt du nun tun? Wie kann ich noch zu atmen wagen, da ich dir einen so großen Schmerz zufüge? Woher nehme ich den Mut, Augen zu haben, die da sehen, wie ich dich kränke? Dich, den ich ehre und liebe. Warum liebe ich auf einmal Sebastian und doch auch immer dich noch zugleich. Warum beleidige ich dich, stoße ich dich ins Unglück, da ich dich wie immer liebe, zugleich aber neuerdings Sebastian? Dies darf nicht sein. Nicht wahr, lieber Mann, dies darf nicht sein. Doch warum nicht? Warum nicht? Warum ist es unmöglich, daß ich euch beide lieben darf, da ich doch den einen wie den andern liebe, dich lieber Mann, wie immer, und ihn ganz neuerdings? Gott im

Himmel, mache Licht, mache Licht in dieser Nacht. – Was soll ich tun, daß du nicht verzweifelst, lieber Mann, und daß auch ich selbst nicht verzage und verzweifle? Gibst du mir keine Antwort? Bin ich denn jetzt, weil Sebastian mein Geliebter ist, nicht mehr deine Frau? O doch! Und du nicht mehr mein Mann? O doch! Ist Sebastian dir, lieber Mann, ein Ungeheuer, weil ich ihn liebe? Und ist deine Frau dir ein Ungeheuer, weil sie wünscht, daß du sie liebst, und daß auch Sebastian sie liebt? Sebastian ist mir das Liebste, doch ja du nicht minder. Müßt ihr euch Feinde sein von jetzt an, wo doch ich gerade jetzt an euch beiden meine Freude haben möchte? Rede doch. Dein Schweigen verwirft mich – doch warum solltest du mich verwerfen wollen? Mußt ... du mich verwerfen? Steht das in den Sternen geschrieben? Ist das unabwendbar?«

Der Mann sagte nichts. Er verbiß, was ihm durch das Innere ging, auf den Lippen, warf den Schmerz, der ihn durchstürmte, hinab in die pochende Brust, begrub den Grimm, verschloß dem Zorn die Pforten, zuckte nur traurig die Achseln, ließ den Kopf hängen, schlug die Augen zu Boden. Dermaßen tat er jetzt jeden Tag. Er sagte nichts, hielt die Lippen fest zusammen, als gelte es, ein furchtbares Geheimnis zusammenzudrücken. In seinem Betragen war er milde und müde, achtsam, doch unsäglich traurig. Und sagte nichts und kam und ging. Kam und ging wie immer, doch völlig wortlos. Was er notwendigerweise zu sagen hatte, war tonlos, war, als rede ein Toter. Kam und ging und sagte nichts, durch ganze tote Wochen, bis dann die gequälte Frau es nicht mehr vor Entsetzen und verstandhinwegfegendem Grausen auszuhalten vermochte. Ihre Liebe zu Sebastian gewährte ihr keine Freude mehr, und sonderbar: in Sebastian wollte alle Zärtlichkeit für seine Freundin dahinschwinden, da er deren Mann sich so männlich aufführen sah, wie dann vielerorten (redet rasch der Verfasser dazwischen) die Liebe der Liebhaber Verwandtschaft mit der Lust hat, den Gegner oder Gatten erbärmlich geschändet zu sehen. Sebastians Neigung zur Frau nahm mit der zunehmenden echten Menschenliebe ab, die er immer lebhafter für den Mann fühlte. Er trat durch sich selber und auch durch seine Geliebte gedrängt bald hernach vom Schauplatz ab, eine unglückliche Frau einem unglücklichen, doch nicht unversöhnlichen Mann hinterlassend. Dieser scheute sich nicht, sich über seine schöne Frau von neuem zu freuen. Sie sank ihm nach einiger Zeit, zerflossen vor seiner Güte und Schonung, zu Füßen. Er hob sie rasch auf, schaute sie freundlich an und sagte: »Es ist nichts geschehen.« Sebastian aber ging in den Strudel der Welt und brachte es mit der Zeit zu Großem.

Max Frisch
Ein Mädchen und ein junger Mann

Ein Mädchen und ein junger Mann haben zusammen ihre Jugend verbracht, bis es nicht mehr ging, und das alles ist lange her. Daß eine Liebe einfach verenden kann, es war nicht hinzunehmen; beide hielten es für eine Schuld, daß die Liebe sie verließ, und aus der Heuchelei, die ihre Zuflucht wurde, wucherten die wirklichen Verschuldungen. Da war das Versprechen der Ehe, das sich nicht halten ließ; man kann sich nicht aus Anstand heiraten. Das Mädchen, als sie endlich und zum letztenmal auseinandergingen, sank an der Haustüre zusammen, bewußtlos, so daß er sie tragen mußte, und als sie wieder zum Bewußtsein kam, stand er noch immer da, zum letztenmal entschlossen, daß sie heiraten werden. Er wollte kein Schuft sein, nicht diesem einzigen Menschen gegenüber, den er geliebt hatte wie noch keinen andern, und er war ein Schuft, was immer er sagte; er konnte es nicht halten. Das Gehen war Verrat, das Bleiben war Verrat. Das alles kostete viel Irrtum und Blut; es war eine häßliche Zeit, wüst und wirr ...

Einmal, viele Jahre später, schreibt er einen Brief. Er weiß nicht, was er eigentlich schreiben soll. Er weiß, daß seine Verschuldungen nicht verjähren, und es soll keine Abbitte sein, keine Wehmut. Die Verschuldungen, die wir begehen, bleiben unsere Sache. Nur ein Gruß soll es sein. Es drängt ihn so klar, und er weiß nicht, warum er dieses Drängen töten soll. Er schickt den Brief, der fraglos ist, und erwartet nichts. Aber noch damit erwartet er zuviel. Die Antwort, die dennoch kommt, ist heftig und bitter und voll Rechthaberei. Es gibt eine männliche Rechthaberei, die stur und tumb ist und vielleicht gewaltsam, und es gibt eine weibische Rechthaberei, die anders ist, eifernd und kleinlich. Als er den Brief gelesen hat, steht er mit der Beschämung eines Menschen, der durch eine falsche Türe getreten ist und eine Entblößung sehen muß, die ihn nichts angeht; er steckt den Brief in einen neuen Umschlag und schickt ihn zurück. Sich selber nennt er einen Esel; es wäre die erste Frau gewesen, die großmütig bleibt, wo sie nicht mehr liebt, und in dem Alter, das er unterdessen erreicht hat, dürfte ihn diese Erfahrung nicht mehr überraschen –

Wieder vergehen Jahre.

Einmal, es ist in einer andern Stadt, geht er eine Treppe hinunter, zerstreut und ohne Blick; er fühlt nur, daß jemand, der eben die Treppe heraufkommt, plötzlich stehenbleibt und ihm den Weg verstellt. Es ist eine Frau, die ihn offen und betroffen anschaut, und eine Weile, während er ihrem Gesicht gegenübersteht, weiß er nicht sicher, wer es ist. Er sucht umsonst. Natürlich kennt man sich; es ist ein Gesicht, das ihn duzt, auch wenn es schweigt, ein gutes und reifes und warmes Gesicht, das über seinem ratlosen Suchen langsam zu lächeln beginnt und auf diese Weise vergißt, daß es selber betroffen war, und endlich, als er begreift, geben sie einander die Hand. Was sollen sie sprechen? Er will nicht fragen, und über das Wetter sprechen können sie auch nicht; er sagt:

»Es geht dir gut ...«

»Und dir?«

»Du hast Kinder ...«

»Ja!« sagt sie fröhlich: »Und du auch.«

Das Gespräch ist ganz leicht und frei. Nur der Umstand, daß ihm noch immer nicht ihr Name auf die Zunge kommt, stellt alles wie hinter einen Schleier. Daß sie ihm noch einmal von vorne begegnet, er hätte damit rechnen müssen. Ebensowenig wie an ihren Namen, den er durch ein namenloses Du ersetzt, kann er sich im Augenblick erinnern, wie sich eigentlich die Geschichte mit dem Brief verhielt: ob er ihn wirklich zurückschickte damals, oder dachte er nur daran, wollte er es nur –

»Das ist meine Frau«, sagt er: »Und das ist Annemarie.«

Jetzt hat er auch den Namen, und überhaupt ist er es, der fortan redet, während die beiden Frauen, ohne daß sie die Augen dazu brauchen, einander anschauen. Irgendwie bleibt es unwahrscheinlich, daß es zwei sind. Als man weitergeht, sagt Annemarie genau, was er selber hätte sagen wollen; er sagt nur:

»Leb wohl!«

Sie sagt:

»Ich bin so froh, daß wir uns noch einmal gesehen haben.«

Das tönt fast, als wäre ein Sterben in Sicht; sicher dachte sie durchaus nicht an Tod, es war nur das Gefühl eines Endgültigen, das auch ihn über die Treppe hinunter begleitet, und all die müßigen Gedanken, die nachher kommen, Gedanken, ob es möglich wäre, daß unser Leben hätte anders verlaufen können, am Ende sind sie nichts anderes als Wellen, die um das Endgültige branden, das wir anders nicht begreifen.

Theodor Fontane
Eine Frau in meinen Jahren

»Erlauben Sie mir, meine gnädigste Frau, Ihnen Ihren Becher zu präsentieren ...«

Die Dame verneigte sich.

»Und Ihnen auf Ihrer Brunnenpromenade Gesellschaft zu leisten. Immer vorausgesetzt, daß ich keine Verlegenheiten schaffe.«

»Wie wäre das möglich, Herr Rat! Eine Frau in meinen Jahren ...«

»Es gibt keine Jahre, die gegen die gute Meinung unserer Freunde sicherstellen. Am wenigsten hier in Kissingen.«

»Vielleicht bei den Männern.«

»Auch bei den Frauen. Und wie mir scheinen will, mit Recht. Ich erinnere mich eines kleinen anekdotischen Hergangs aus dem Leben der berühmten Schroeder ...«

»Der Mutter der Schroeder-Devrient?«

»Derselben.«

»Und was war es damit?«

»Eines Winters in Wien sprach sie von ihrem zurückliegenden Liebesleben und von dem unendlichen Glücksgefühl, all diese Torheit nun endlich überwunden und vor den Anfällen ihrer Leidenschaft Ruhe zu haben. Und einigermaßen indiskret gefragt, *wann* sie den letzten dieser Anfälle gehabt habe, seufzte sie: ›vor zwei Monaten‹.«

»Und wie alt war sie damals?«

»Dreiundsechzig.«

»Also mehr als nötig, um meine Mutter zu sein. Und doch bleib' ich bei meinem Ausspruch: ›eine Frau in meinen Jahren‹ ... Aber wer war nur die stattliche Dame, der

Sie sich gestern anschlossen, um sie als Cavaliere servente bis an den Finsterberg zu begleiten?«

»Eine Freundin, Baronin Aßmannshausen, und seit vorgestern Großmutter, wie sie mir selbst mit Stolz erzählte.«

»Mit Stolz? Aber doch noch hübsch und lebhaft. Und dazu der feurige Name. Sehen Sie sich vor und gedenken Sie der Schroeder.«

»Ach, meine Gnädigste, Sie belieben zu scherzen. Ich für mein Teil, *ich* darf sagen, ich habe abgeschlossen.«

»Wer's Ihnen glaubt! Männer schließen *nie* ab und brauchen es nicht und wollen es auch nicht. Soll ich Ihnen, bloß aus meiner näheren Bekanntschaft, die Namen derer herzählen, die noch mit Siebzig in den glücklichsten Ehestand eintraten? Natürlich Kriegshelden, die den Zug eröffnen und schließen ... Aber hier ist schon der Brückensteg und die Lindelsmühle. Wollen wir umkehren und denselben Weg, den wir kamen, zurückmachen, oder gehen wir lieber um die Stadt herum und besuchen den Kirchhof? Er ist so malerisch und weckt der Erinnerungen so viele. Sonderbarerweise auch für mich. Oder besuchen Sie nicht gerne Kirchhöfe?«

»Grabsteine lesen nimmt das Gedächtnis.«

»Dem ließe sich auf einfachste Weise vorbeugen: man liest sie nicht ... Aber freilich, es gibt ihrer unter dem starken Geschlecht so viele, die sich überhaupt nicht gerne daran erinnern lassen, daß alles einmal ein Ende nimmt, mit anderen Worten, daß man stirbt.«

»Ich für meine Person zähle nicht zu diesen, mein Leben liegt hinter mir, und ich darf Ihnen ruhig wiederholen: ich habe abgeschlossen.«

Die Dame lächelte still vor sich hin und sagte: »Nun denn also, zunächst um die Stadt und dann nach dem Kirchhof.«

Und dabei passierten sie den Lindelsmühlsteg und schlugen einen Wiesen- und Feldweg ein. Über ihnen zog Gewölk im Blauen, und beide freuten sich des frischen Luftzuges, der von den Nüdlinger Bergen her herüberwehte. Hart am Weg hin blühte roter Mohn, und die Dame bückte sich danach und begann die langen Stiele zusammenzuflechten. Als sie schon eine Girlande davon in Händen hielt, sagte sie: »Der rote Mohn, er ist so recht die Blume, die mir zukommt; bis Sechzehn blühen einem die Veilchen, bis Zwanzig Rosen und um Dreißig herum die Verbenen, an deren deutschem Namen ich klüglich vorübergehe. Dann ist es vorbei, man pflückt nur noch Mohn, heute roten und morgen vielleicht schon weißen Mohn, und flicht sich Kränze daraus. Und so *soll* es auch sein. Denn Mohn bedeutet Ruhe.«

So schritten sie weiter, bis der von ihnen eingeschlagene Feldweg wieder auf eine breite, dicht neben einem Parkgarten hinlaufende Fahrstraße führte. Platanen und Ahorn streckten ihr Gezweige weit über das Gitter hin, aus dem Parke selbst aber, der einem großen Hotel zugehörte, rollten in eben diesem Augenblicke junge Sportsmen auf die fast tennenartige Chaussee hinaus, Radfahrer, Bicyclevirtuosen, die hoch oben auf ihrem Reitstuhl saßen und unter Gruß und Lachen vorübersausten. Ihre kleinen Köpfe, dazu die hageren, im engsten Trikot steckenden Figuren, ließen keinen Zweifel darüber, daß es Fremde waren.

»Engländer?«

»Nein, Amerikaner«, sagte die Dame, »meine täglichen Vis-à-vis an der Table d'hôte. Und sonderbar, mir lacht immer das Herz, wenn ich sie sehe. Das frischere Leben ist doch da drüben, und in nichts war ich mit meinem verstorbenen Manne, der ein paar Jahre lang in New York und an den großen Seen gelebt hatte, so einig wie in diesem Punkt, und wir schwärmten oft um die Wette. Die Wahrheit zu gestehen, ich begreife nicht, daß nicht alles auswandert.«

»Und ich meinerseits teile diesen Enthusiasmus und habe mich, eh' ich ins Amt trat, ernsthaft mit dem Plan einer Übersiedelung beschäftigt. Aber das liegt nun zwanzig Jahre zurück und ist ein für allemal begraben. Amerika, weil es selber jung ist, ist für die Jugend. Und ich ...«

»... habe abgeschlossen«, ergänzte sie lachend. »Freilich, je mehr Sie mir's versichern, je weniger glaub' ich's. Sehen Sie, dort ist der Finsterberg, nach dem Sie gestern Ihren langen Spaziergang richteten und der Sie jetzt zu fragen scheint: ›Wo haben Sie die Frau Baronin?‹ ... Wie hieß sie doch?«

»Ich denke, wir lassen den Namen, und was den Finsterberg angeht, er sieht mich *zu* gut aufgehoben, um solche Fragen zu tun.«

Unter solchem Geplauder waren sie bis an ihr vorläufiges Ziel gekommen und stiegen, an dem Bildstöckl vorbei, die Steintreppe zu dem Kirchhofe hinauf. In dem gleich links gelegenen Mesnerhause standen alle Türen auf, und auf Dach und Fensterbrett quirilierten die Spatzen.

»Ich übernehme nun die Führung«, sagte die Dame. »Grabsteine lesen, so bemerkten Sie, nimmt das Gedächtnis. Gut, es soll wahr sein. Aber ganz kann ich es Ihnen nicht erlassen. Sehen Sie hier ... Kindergräber; eines neben dem andern. Und nun lesen Sie.«

Der Begleiter der Dame säumte nicht zu gehorchen und las mit halblauter Stimme: »Hier ruht das unschuldige

Kind ...« Aber kaum, daß er bis zu diesem Wort gelesen hatte, so trat er aus freien Stücken näher an den Grabhügel heran, um neugierig den vom Regen halb verwaschenen Namen bequemer entziffern zu können.

»O nicht doch«, unterbrach sie lebhaft. »›Hier ruht das unschuldige Kind‹, das reicht aus, das ist genug, und immer, wenn ich es lese, gibt es mir einen Stich ins Herz, daß gerade *dies* die Stelle war, wo die Preußen einbrachen, *hier*, durch eben dieses Kirchhofstor, und das erste, was sie niedertraten und umwarfen, das waren diese Kreuze mit ihrer schlichten, so herzbeweglichen Inschrift ... Aber kommen Sie, Kindergräber erzählen nicht viel und sind nur rührsam. Ich will Sie lieber zu Ruth Brown führen.«

»Zu Ruth Brown? Das klingt so englisch.«

»Und ist auch so. Generalin Ruth Brown. Übrigens ist die Geschichte, die sich an ihr Grab knüpft, und zwar ganz äußerlich an ihr Grab als solches, eigentlich die Hauptsache. Denken Sie, die Generalin hat hier eine Art Mietsgrab bezogen, oder wenigstens ein Grab aus zweiter Hand.«

»A second-hand grave?«

»Ja, so könnte man's beinah nennen. Dies Grab hier hatte nämlich ursprünglich einen anderen Insassen und war die leichtausgemauerte Behausung eines bei Kissingen gefallenen Offiziers. Als dieser Offizier aber in seine, wenn ich nicht irre, westpreußische Heimat geschafft und die Gruft wieder leer war, wurde sie neu gewölbt und neu gewandet, und nun erst zog die Generalin ein. Es ist überhaupt ein Kirchhof mit beständig gestörter Ruhe, was niemand eindringlicher erfahren hat als *der* hier ...«

Und dabei war die Dame von dem Grabe der Generalin an ein Nachbargrab herangetreten, aus dessen Inschrift ihr Begleiter unschwer entzifferte, daß der Sattlermeister Karl

Teschner aus Großglogau seine letzte Wohnung darin gefunden habe.

»Haben Sie gelesen?«

»Ja. Was ist damit?«

»Nichts Besonderes ... Und doch ein Grabstein, den ich nie zu besuchen unterlasse. Sehen Sie schärfer hin, und Sie werden erkennen, daß es ein zusammengeflickter Stein ist. Und das kam so. Den 7. Juli 65 starb hier (denn leider auch Kurgäste sterben) der Großsattlermeister, dessen Namen Sie soeben gelesen haben, und wurde den 10. desselben Monats an dieser Stelle begraben. Und genau ein Jahr später, ja fast auf die Stunde, schlug hier, vom Altenberg her, eine preußische Granate mitten auf den Grabstein und schleuderte die Stücke nach allen Seiten hin auseinander. Etwas unheimlich. Aber das Ganze hat doch, Gott sei Dank, ein versöhnliches Nachspiel gehabt, denn kaum daß die Glogauer Bürgerschaft von dem Grabsteinunglück ihres Großsattlermeisters gehört hatte, so zeigte sie sich beflissen, für Remedur zu sorgen, und hat die Grabsteinstücke wieder zusammenkitten und alles in gute Wege bringen lassen. Eine Mosaik, die mehr sagt, als manche Museumsmosaik. Aber nun bin ich matt und müde geworden, und Sie müssen mich, ehe ich Sie freigebe, noch bis an meine Lieblingsstelle begleiten.«

Es war dies eine von einer Traueresche dicht überwachsene, ziemlich in der Mitte des Kirchhofes gelegene Bank, in deren unmittelbarer Nachbarschaft ein prächtiger und durch besondere Schönheit ausgezeichneter Granitwürfel mit Helm und Schwert hoch aufragte.

»Wem gilt es?«

»Einem Freunde. Ja, das war er mir. Und daß ich es gestehe mehr noch als das Und dann kam das Leben, um uns zu trennen. Aber diese frühesten Eindrücke bleiben, wenigsten einem Frauenherzen. Fast ein Menschenalter ist darüber hin gegangen (ich war noch ein halbes Kind damals), und wär' ich gestorben, wie's mein Wunsch und meine Hoffnung war, so hätt' es auch auf meinem Grabsteine heißen dürfen: ›Hier ruht das unschuldige Kind.‹ Aber ich starb nicht und tat, was alle tun, und vergaß oder schien doch zu vergessen. Ob es gut und ob ich glücklich war? Ich habe kein Recht zu Konfidenzen. Aber es wurde mir doch eigen zu Sinn, als ich vor drei Wochen zum ersten Male diesen Kirchhof betrat und nach so viel zwischenliegender Zeit und ohne jede Spur von Ahnung, welches Wiederfinden meiner hier harren würde, diesem Denkmal und diesem mir so teuren Namen begegnete.«

»Was trennte Sie? Können Sie's erzählen?«

»Eine Frau in meinen Jahren kann alles erzählen, ihre Fehler gewiß und ihre Fehltritte beinah. Aber erschrecken Sie nicht, ich bin allezeit entsetzlich konventionell und immer auf der graden Straße gewesen, fast mehr, als mir lieb ist. Es heißt zwar, die Straße sei zu bevorzugen und es mache glücklich, auf einen glatten Lebensweg zurückblicken zu können. Und ich will es nicht geradezu bestreiten. Aber interessanter ist der Rückblick auf ein coupiertes Terrain.«

So sprachen sie weiter, und während ihr Gespräch noch andauerte, hatte sich ihnen der alte Mesner genähert, zwei Stocklaternen in der Rechten und einen großen Kirchenschlüssel an einem Lederriemen über den Arm gehängt.

»Was gibt es?«

»Ein Begräbnis, gnädige Frau. In a Viertelstund' müssens da sein. A Kind wie a Engel. Aber G'vatter Tod isch a Kenner, un wenn er kann, nimmt er nichts Schlechts. I werd a paar Stühl' zurechtstelle für die gnädige Frau und den Herrn Gemoahl.«

»Nicht doch, Mesner, der Herr da ist nicht mein Gemahl. Er ist schon ein Witwer und hat abgeschlossen.« Und dabei malte sie mit dem Sonnenschirm in den Sand.

»Hätt i doch g'dacht, Sie wär'n a Paar, un a stattlich's un glücklich's dazu, so gut passe Sie zusammen. Und so charmant; besunners die gnädge Frau.«

»Aber Mesner, Sie werden mich noch eitel machen ... Eine Frau in meinen Jahren ...«

»Ach, die Jahre sind nichts, das Herz ist alles. Und solang es hier noch schlägt, hat keiner abgeschlossen. Abschluß gibt erscht der Tod. Aber da kummen's schon. Und's is Zeit, daß i geh un die Lichter ansteck.«

Indem auch hörte man schon Gesang von der Straße her, und nicht lange mehr, so sahen sie den Zug die Steinstufen heraufkommen, erst die Chorknaben, mit Kerzen und Weihrauchbecken, und dann der Geistliche in seinem Ornat. Dahinter aber der Sarg, der von sechs Trägern, zu deren Seite sechs andere gingen, getragen wurde. Und hinter dem Sarg her kamen die Leidtragenden, und zwischen den Gräbern hin bewegte sich alles auf die Kirchhofskapelle zu.

»Sollen wir uns anschließen?«

»Nein«, antwortete sie. »Ich denke, wir bleiben, wo wir sind; es ist mir, als müßt' es mich dadrinnen erdrücken. Aber mit unserem Ohre wollen wir folgen, die Tür steht auf, und die Luft ist so still. Und ich glaube, wenn wir aufhorchen, so hören wir alles.«

Und dabei flog ein Schmetterling über die Gräber hin, und aus der Kirche her hörte man die Grabresponsorien.

Er nahm ihre Hand und sagte: »Die Tote drinnen vorm Altar predigt uns die Vergänglichkeit aller Dinge, gleichviel, ob wir in der Jugend stehen oder nicht. Uns gehört nur die Stunde. Und eine Stunde, wenn sie glücklich ist, ist viel. Nicht das Maß der *Zeit* entscheidet, wohl aber das Maß des *Glücks*. Und nun frag' ich Sie, sind wir zu alt, um glücklich zu sein?«

»Um abgeschlossen zu haben?«

»Es ist ein sonderbarer Zeitpunkt, den ich wähle«, fuhr er fort, ohne der halb scherzhaften Unterbrechung, in der doch ein gefühlvoller Ton mitklang, weiter zu achten. »Ein sonderbarer Zeitpunkt: ein Friedhof und dies Grab. Aber der Tod begleitet uns auf Schritt und Tritt und läßt uns in den Augenblicken, wo das Leben uns lacht, die Süße des Lebens nur um so tiefer empfinden. Ja, je gewisser das Ende, desto reizvoller die Minute und desto dringender die Mahnung: nutze den Tag.«

Als die Zeremonie drinnen vorüber war, folgten beide dem Zuge durch die Stadt, und eine Woche später wechselten sie die Ringe. Verwandte, Freunde waren erschienen. Bei dem kleinen Festmahl aber, das die Verlobung begleitete, trat eine heitere Schwägerin an Braut und Bräutigam heran und sagte »Man spricht von einem Motto, das eure Verlobungsringe haben sollen. Oder doch der deine, Marie.«

»Kannst du schweigen?«

»Ich denke.«

»Nun denn, so lies.«

Und sie las: »Eine Frau in meinen Jahren«.

Nachbemerkung

Kann man lernen, sich zu verlieben? Schön wäre das. Doch eher scheint das Gegenteil der Fall zu sein – denn wenn der Verstand ins Spiel kommt, ergreifen auch die zärtlichsten Gefühle die Flucht. Sich verlieben und dann wieder trennen, das sind einschneidende Erfahrungen, die jeder als einzigartig empfindet, auch wenn sie es gar nicht sind. Alles schon dagewesen, sagen die Dichter und schreiben trotzdem immer wieder über die Liebe. Was zum Beispiel, um mit dem Einfachsten zu beginnen, bedeutet der erste Kuß? Die Antwort weiß Hermann Hesse. Er unterscheidet gleich zwei Varianten: erstens den Kuß voller Hingabe und Lust, der noch Großes erwarten läßt, und zweitens den eher therapeutisch verabreichten Abschiedskuß, der schon das Ende markiert, bevor überhaupt irgendetwas begonnen hat. Keine Frage, daß sich Hesse im zweiten Fall auf die Seite des sanft verabschiedeten Jünglings schlägt. Rebecca Cassati hat dagegen den Beweis angetreten, daß sich ein junges Mädchen fast pausenlos verlieben kann, ohne daß es zu einem Kuß kommen muß. Das ist vielleicht auch besser so, wenn sich der Mann so benimmt, wie in Judith Hermanns Erzählung. Da kommt leicht der Verdacht auf, daß manchen Männern ein Päckchen Zigaretten wichtiger ist als die eigene Freundin. Wie schön, daß es da noch Gaststätten gibt, in denen Barmänner vermittelnd eingreifen können wie bei Rafik Schami. So scheint wenigstens diese Liebesgeschichte glücklich zu enden, auch wenn die beiden, um die es geht, schon zu den fortgeschrittenen Semestern zählen. Sich verlieben hat ja nichts mit dem Alter zu tun und schon gar nichts mit der Anzahl der Versuche. Rafik Schamis »Frauenheld« etwa benötigte drei Jahre für seinen ersten Kuß, aber der hatte dann auch einen durchschlagenden Erfolg. Davon können die Liebeshungrigen bei Doris Dörrie und Haruki Murakami nur träumen. Wie etwa soll sich ein Mann verhalten, wenn er eines schönen Morgens im April dem 100%igen Mädchen begegnet? Von Haruki Murakami können wir leider keine erfolgversprechende Antwort erwarten. Und was unternimmt die Herzeinsame bei Doris Dörrie nicht alles, um sich in New York endlich einen Traummann zu angeln – in einer Stadt, wo es für eine Frau wahrscheinlicher sein soll, von einer Atombombe getroffen zu werden als mit über 30 noch einen Partner zu finden. Über den Erfolg ihrer Bemühungen können wir nur spekulieren. Dagegen ist der Verführer, den Frank Wedekind beschreibt, souverän an sein Ziel gelangt, allerdings mit nicht ganz sauberen Mitteln. Der vielbeschäftigte Börsenmakler bei O. Henry hatte es da einfacher. Er heiratete einfach seine Sekretärin. Pech oder Glück für ihn: er hat das am nächsten Tag schon vergessen. An sich eine feine Sache, denn er kann sich wieder in sie verlieben. Allerdings wollen wir an dieser Stelle auch die Gefahren nicht verschweigen. Denn was passiert, wenn er sich jetzt für eine andere Frau interessiert? Nicht auszudenken. Oder doch? Erotische Abenteuer können ja gerade dann besonders prickelnd sein, wenn sie sich nur im Kopf abspielen. Angeles Mastretta läßt ihre Valeria jede Nacht von möglichen Liebhabern träumen. Das ist romantisch und völlig ungefährlich. Ganz anders stellt sich die Sachlage bei Robert Walser und Anton Tschechow dar. Der Liebhaber ist aus Fleisch und Blut. Und der Ehemann stört ein wenig. Glücklicherweise kommt es zu keinem Mord, obwohl gerade in Eifersuchtsgeschichten gern mit Pistolen oder Gift hantiert wird. Aber von einem Happy-End, wie bei Zsusza Bánk, kann auch keine Rede sein.

Die Liebe geht oft sehr verschlungene Pfade und erreicht nicht immer ihr Ziel. Davon berichten Oscar Wilde und Isabel Allende. Und vielleicht ist das in dem einen oder anderen Fall auch gut so. Wer, wie Kurt Tucholsky, ein Ehepaar dabei belauscht hat, wie es immer verzweifelter versucht, mit- und gegeneinander einen Witz zu erzählen, dem geht das kleinliche Gezeter schnell auf die Nerven. Hätten die beiden doch nie geheiratet. Dabei kann jeder bei Theodor Fontane lernen, wie familiäre Zweikämpfe mit rhetorischer Finesse ausgetragen werden – und nicht so plump gemein wie in überschuldeten englischen Haushalten, von denen Marian Keyes berichtet. Später, nach der Trennung, wird manches in nostalgisches Rosa getaucht. Oder bei einer zufälligen Wiederbegegnung werden nur nichtssagende Floskeln gewechselt. »Ich bin froh, daß wir uns noch einmal gesehen haben«, heißt es bei Max Frisch, und das klingt nach endgültigem Abschied und Tod. Dabei ist es nie zu spät für die Liebe. Diese tröstliche Erkenntnis zum Schluß verdanken wir Theodor Fontane, der sich nicht nur in den Niederungen des Ehealltags auskannte. Er läßt zwei Menschen zusammenkommen, die mit ihrem (Liebes-)Leben eigentlich schon abgeschlossen hatten.

Vom ersten Verliebtsein bis zum späten Glück. Das ist der Bogen, den die Geschichten in diesem Band spannen. Über allem steht die Frage »Ist es Liebe?«. Allgemeingültige Antworten gibt es keine.

Die Erzählungen dieser Anthologie waren und sind im Bordprogramm von ausgewählten ICE-Zügen zu hören.

Seit Oktober 2001 bringt der »Kanal 4« Literatur in den Zug. Das Projekt ist eine Kooperation der Deutschen Bahn, dem Hörverlag und der Kulturwelle des Hessischen Rundfunks hr2. Seither interpretieren Monat für Monat bekannte Schauspieler die schönsten und spannendsten Geschichten der Weltliteratur. Die Erzählungen werden auch in hr2 gelesen und erscheinen auf CD im Hörverlag.

Ohne das Engagement von vielen hätte diese erste »Kanal 4«-Anthologie nicht erscheinen können. Ein besonderer Dank geht an: Heiner Boehncke und Rainer Wick, die Initiatoren von »Kanal 4«, die Werbeagentur McCann Erickson, Armin Nagel vom Verein »Kultur und Bahn«, Claudia Baumhöver vom Hörverlag, Angelika Bierbaum und Rainer Gülk von hr2, Dr. Iris Christine Münch und Christiane Tichatschek von »DB mobil« sowie an alle Mitarbeiter der Deutschen Bahn, die über Umbauten und Reformen hinweg dem »Kanal 4« die Treue gehalten haben.

Quellenverzeichnis

Isabel Allende
Ester Lucero, S. 121; aus: Isabel Allende, Geschenk für eine Braut. Geschichten. Aus dem Spanischen von Lieselotte Kolanoske. Insel Verlag Frankfurt am Main und Leipzig 1999, S. 61-77. © Suhrkamp Verlag Frankfurt am Main 1990.

Zsuzsa Bánk
Herz, S. 109; aus: Du allein. Liebeserklärungen. Herausgegeben von Almuth Andreae und Isabel Kupski. S. Fischer Verlag, Frankfurt am Main 2003, S. 190-200. © Zsuzsa Bánk.

Rebecca Casati
»I«, S. 11; aus: Verlieben, Lieben, Entlieben. Herausgegeben von Timm Klotzek und Rudolf Spindler. © 2001 by Verlag Kiepenheuer & Witsch, Köln, S. 70-76.

Doris Dörrie
»Ein Mann!«, S. 55; aus: Doris Dörrie, »Was wollen Sie von mir?«. Copyright © 1989, 1990 Diogenes Verlag AG Zürich.

Theodor Fontane
Richtig streiten, S. 151; aus: Frau Jenny Treibel oder »Wo sich Herz zum Herzen findt«. Insel Verlag Frankfurt am Main 1984, S. 153-156.
Eine Frau in meinen Jahren, S. 169; aus: Theodor Fontane, Sämtliche Werke. Herausgegeben von Walter Keitel. Carl Hanser Verlag, München 1966, S. 421-428.

Max Frisch
Ein Mädchen und ein junger Mann, S. 166; aus: Max Frisch, Gesammelte Werke in zeitlicher Folge. Band 4: Tagebuch 1946-1949. Herausgegeben von Hans Mayer unter Mitwirkung von Walter

Schmitz. © Suhrkamp Verlag Frankfurt am Main 1950, 1976, S. 493-496.

O. Henry
Liebesgeschichte eines vielbeschäftigten Börsenmaklers, S. 91; aus: O. Henry, Ruf der Posaune und andere Stories. Ins Deutsche übertragen von Annemarie und Heinrich Böll. Walter Verlag. © Patmos Verlag GmbH & Co. KG, Düsseldorf.

Judith Hermann
Zigaretten, S. 22; aus: Liebe bis aufs Blut. Geschichten über die Eifersucht. Herausgegeben von Uwe-Michael Gutzschhahn. Carl Hanser Verlag, München – Wien, S. 134-140. © Judith Hermann.

Hermann Hesse
Der Kavalier auf dem Eise, S. 17; Von den zwei Küssen, S. 34; aus: Hermann Hesse, Liebesgeschichten. Herausgegeben und mit einem Nachwort versehen von Volker Michels. Suhrkamp Verlag Frankfurt am Main 1995, S. 7-10; S. 11-18. © Suhrkamp Verlag Frankfurt am Main.
Ein Erfinder, S. 84; aus: Hermann Hesse, Nur wer liebt, ist lebendig. Frühe Liebesgeschichten. Mit einem Nachwort herausgegeben von Volker Michels. Insel Verlag Frankfurt am Main und Leipzig 2006, S. 84-89. © Suhrkamp Verlag Frankfurt am Main.

Marian Keyes
Bis daß die Schulden euch scheiden, S. 155; aus: Marian Keyes, Unter der Decke. Aus dem Englischen von Bärbel Radke. © 2003 Wilhelm Heyne Verlag, München, ein Unternehmen der Verlagsgruppe Random House GmbH, S. 89-94.

Angeles Mastretta
Valeria und ihre Liebhaber, S. 105; Auszug aus: Angeles Mastretta, Frauen mit großen Augen. Aus dem Spanischen von Monika Lopez. © Suhrkamp Verlag Frankfurt am Main 1992, S. 37-39.

Haruki Murakami
Das Fenster, S. 45; Wie ich eines schönen Morgens im April das 100%ige Mädchen sah, S. 70; aus: Haruki Murakami, Wie ich eines schönen Morgens das 100%ige Mädchen sah. Aus dem Japanischen von Nora Bierich. © DuMont Literatur und Kunst Verlag, Köln 2007.

Rafik Schami
Der erste Kuß nach drei Jahren, S. 28; aus: Rafik Schami, Die Sehnsucht fährt schwarz. Geschichten aus der Fremde. Mit Abbildungen von Root Leeb. © 1997 Carl Hanser Verlag, München.

Anton Tschechow
Von der Liebe, S. 132; aus: Anton Tschechow, Von der Liebe. Fünf Erzählungen aus den Jahren 1892-1898. Ein Lesebuch zu den Gesammelten Erzählungen. Aus dem Russischen neu übersetzt von Kay Borowsky, Ulrike Lange und Barbara Schaefer. © Patmos Verlag GmbH & Co. KG / Artemis & Winkler Verlag, Düsseldorf, S. 49-61.

Kurt Tucholsky
Ein Ehepaar erzählt einen Witz, S. 146; aus: Kurt Tucholsky, Gesammelte Werke. Herausgegeben von Mary Gerold-Tucholsky und Fritz J. Raddatz. Band 9: 1931. Rowohlt Verlag, Reinbek bei Hamburg 1993, S. 300-303.

Robert Walser
Das Ehepaar, S. 162; aus: Robert Walser. Liebesgeschichten. Zusammengestellt und mit einem Nachwort versehen von Volker Michels. Insel Verlag Frankfurt am Main 1978, S. 51-54. © Suhrkamp Verlag Frankfurt am Main.

Frank Wedekind
Der Verführer, S. 76; aus: Frank Wedekind, Prosa. Dramen. Verse. Herausgegeben von Hansgeorg Maier. Langen-Müller Verlag, München o. J.

Oscar Wilde
Der Modellmillionär. Ein Vermerk der Bewunderung, S. 97; aus: Oscar Wilde. Sämtliche Werke in zehn Bänden. Herausgegeben von Norbert Kohl. Bd. 2: Märchen und Erzählungen. Aus dem Englischen von Franz Blei und Christine Hoeppener. Insel Verlag Frankfurt am Main 1982, S. 228-234.

Liebesgedichte
im insel taschenbuch

Die schönsten Liebesgedichte. Ausgewählt von Günter Berg. it 2827. 118 Seiten

Die schönsten Liebesgedichte der Antike. Ausgewählt von Michael Schroeder. it 3163. 114 Seiten

Anna Achmatowa. Liebesgedichte. Aus dem Russischen von Alexander Nitzberg. Ausgewählt von Olaf Irlenkäuser. it 2946. 113 Seiten

Elizabeth Barrett-Browning. Liebesgedichte. Englisch und deutsch. Übertragen von Rainer Maria Rilke. Mit einem Nachwort von Felicitas von Lovenberg. it 3187. 112 Seiten

Bertolt Brecht. Liebesgedichte. Ausgewählt von Werner Hecht. it 2824. 118 Seiten

Paul Celan. Liebesgedichte. Ausgewählt von Joachim Seng. it 2945. 104 Seiten

Annette von Droste-Hülshoff. Liebesgedichte. Ausgewählt von Werner Fritsch. it 2876. 126 Seiten

Joseph von Eichendorff. Liebesgedichte. Ausgewählt von Wilfrid Lutz. it 2821. 114 Seiten

Johann Wolfgang Goethe. Liebesgedichte. Ausgewählt von Karl Eibl. it 2825. 109 Seiten

Heinrich Heine. Liebesgedichte. Ausgewählt von Thomas Brasch. it 2822. 96 Seiten

NF 704/1/10.06

Hermann Hesse. Liebesgedichte. Ausgewählt von Volker Michels. it 2826. 116 Seiten

Indische Liebesgedichte. Aus dem Indischen von Friedrich Rückert. Mit einer Einleitung von Martin Kämpchen. it 3173. 143 Seiten

Else Lasker-Schüler. Liebesgedichte. Ausgewählt und mit einem Nachwort von Eva Demski. it 3083. 137 Seiten

Marie Luise Kaschnitz. Liebesgedichte. Ausgewählt von Elisabeth Borchers. it 3123. 123 Seiten

Friederike Mayröcker. Liebesgedichte. Ausgewählt und mit einem Nachwort von Ulla Berkéwicz. it 3214. 141 Seiten

Michelangelo. Liebesgedichte. Übersetzt von Michael Engelhard. it 3244. 120 Seiten

Eduard Mörike. Liebesgedichte. Ausgewählt von Wilfrid Lutz. it 3040. 149 Seiten

Novalis. Liebesgedichte. Ausgewählt von Gerhard Schulz. it 2874. 103 Seiten

Francesco Petrarca. Liebesgedichte an Laura. Achtzig Gedichte aus dem »Canzoniere«. Aus dem Italienischen, erläutert und mit einem Nachwort versehen von Jürgen von Stackelberg. it 3022. 118 Seiten

Alexander Puschkin. Liebesgedichte. Aus dem Russischen von Michael Engelhard. Ausgewählt von Rolf-Dietrich Keil. it 2968. 126 Seiten

NF 704/2/10.06

Rainer Maria Rilke. Liebesgedichte. Ausgewählt von Vera Hauschild. Mit einem Nachwort von Siegfried Unseld. it 2823. 100 Seiten

Joachim Ringelnatz. Liebesgedichte. Ausgewählt von Günter Stolzenberger. it 3082. 132 Seiten

William Shakespeare. Liebesgedichte. Liebesszenen und Liebeslieder. Auswahl und Nachwort von Jutta Kaußen. it 2987. 119 Seiten

Wisława Szymborska. Liebesgedichte. Aus dem Polnischen und ausgewählt von Karl Dedecius. it 3111. 138 Seiten

Rabindranath Tagore. Liebesgedichte. Ausgewählt und aus dem Bengalischen von Martin Kämpchen. it 2988. 106 Seiten

NF 704/3/10.06